(Pas de texte Français,
D'après Barthes)

# RÉCIT HISTORIQUE

DE

## LA CAMPAGNE DE BUONAPARTÉ

EN ITALIE.

---

T. Harper, le Jeune, et Cie., Imprimeurs, No. 4, Crane Court, Fleet Street.
à Londres.

**Entered at Stationers' Hall.**

*RÉCIT HISTORIQUE*

DE LA

# CAMPAGNE DE BUONAPARTÉ

EN ITALIE,

*Dans les Années* 1796 *et* 1797.

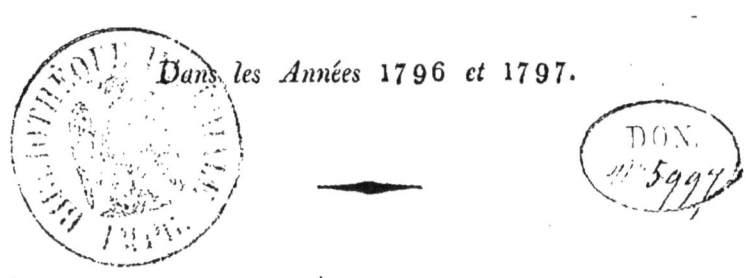

PAR UN TÉMOIN OCULAIRE.

―――――――

" Mon empire est détruit, si l'homme est reconnu."
MAHOMET.

―――――――

*LONDRES.*

1808.

# TABLE DES MATIÈRES.

|  | PAGE |
|---|---|
| Avant-Propos | vii |
| Introduction | 1 |
| Bataille de Montenotte | 12 |
| Bataille de Millesimo | 23 |
| Combat de Dego | 31 |
| Premier Combat de Dego, ou Prise de ce Fort par les François | 35 |
| Second Combat de Dego | 46 |
| Bataille de Vico et Mondovi | 60 |
| Passage du Po, et Combat de Fombio | 70 |
| Bataille de Lodi | 76 |
| De la Conduite de Buonaparté envers son Armée, et de la manière dont il y maintenoit la Discipline | 89 |
| De l'Envahissement des Biens d'Eglise, de la Spoliation des Monts de Piété | 109 |

## SECONDE PARTIE.

| | |
|---|---|
| Conspiration de Pavie. Combat violent dans cette ville dont Buonaparté se rendit maître par une ruse infernale. | 117 |
| Passage du Mincio, et Combat du Borghetto | 127 |
| Entrée des François à Vérone | 135 |
| Vains efforts de Buonaparté pour entrer dans le Tyrol | 141 |
| Une nouvelle Armée Autrichienne arrive dans le Tyrol | 148 |
| Bataille de Castiglione delle Striviere | 151 |

## TABLE DES MATIÈRES.

| | PAGE |
|---|---|
| Entrée des François dans le Tyrol, et Retraite précipitée de Wurmser, qui va de Bassano se renfermer dans Mantoue | 159 |
| Arrivée d'une nouvelle Armée Autrichienne, commandée par Alvinzi, qui passe la rivière de la Piave | 176 |
| Bataille d'Arcole | 181 |
| Bataille de Rivoli | 190 |
| Invasion des Etats du Pape | 202 |
| Reddition de Mantoue | 214 |
| Retraite des Autrichiens commandés par l'Archiduc Charles.—Armistice de Leoben | 218 |
| Révolte des Villes et Provinces de Crema, Bergamo, et Brescia, contre le Gouvernement Vénitien | 240 |
| Insurrection à Vérone contre les François | 249 |
| Des événemens qui suivirent l'Armistice de Leoben.—De la Destruction des Républiques de Venise, de Gênes, de Lucques, de Saint Marin | 261 |
| Conclusion | 277 |

## AVANT-PROPOS.

Cet ouvrage est imprimé depuis plusieurs mois ; des circonstances particulières en ont retardé la publication.

Je regrette moins, aujourd'hui, ce retard. Buonaparté, abondonné à lui-même, a dirigé seul, de Bayonne, la guerre injuste qu'il fait à l'Espagne, et les résultats de ses entreprises ont dû prouver que ce n'est pas à son génie, comme ses admirateurs voudroient le persuader, qu'il doit les succès sur lesquels repose la réputation qu'on lui a faite. On sera donc plus disposé aujourd'hui à entendre la vérité sur des événemens qui ont eu une grande influence sur le sort actuel du Continent ; car c'est la conquête de l'Italie qui a ouvert à la Révolution

Françoise cette carrière d'envahissemmens et d'usurpations que Buonaparté parcourt et que tout autre que lui, placé à la tête du Gouvernement François, parcourroit.

Je ne crains point d'être contredit sur aucuns des faits que je rapporte; j'en appelle au témoignage de tous ceux qui ont fait la première campagne d'Italie dans les armées Autrichiennes ou Françoises.

Au reste, si quelqu'écrivain soldé par Buonaparté osoit me contester un seul des faits que j'ai exposés, je ne manquerai point de preuves à l'appui du récit fidèle que je fais; je ne serai embarassé que du choix. Je ne crains point qu'après avoir lu ce récit, il s'élève un doute dans l'esprit d'un lecteur impartial.

Londres, Août, 1808.

# INTRODUCTION.

La campagne d'Italie dirigée par Buonaparté est un grand événement, lié avec l'histoire de la Révolution Françoise. C'est cet événement qui a introduit sur le grand théâtre du monde l'homme qui y joue aujourd'hui le rôle le plus éclatant. Jusque là ses premiers essais se perdoient dans la multitude des crimes révolutionnaires; mais le titre de Général en Chef l'a exposé aux regards de l'Europe, et c'est de là que date son existence militaire. Ce début d'un homme dont on parlera long-temps, doit inspirer quelque intérêt et réveiller la curiosité. C'est ce qui nous a déterminés à offrir au public le récit des principaux faits de cette campagne. Nous disons récit, et non pas histoire: nous n'avons pas la prétention de nous ranger parmi les historiens. Nous en laissons le titre et la gloire à ceux qui ont une plume plus exercée et plus habile que la nôtre : nous nous bornons à raconter ce que nous avons vu ; ce qui nous est resté dans la mémoire. Nous croirons par là rendre un service, non pas important, mais réel ; en fournissant, comme témoin oculaire, des matériaux qui auront le mérite de la véracité.

Il y a long-temps que cette idée nous occupoit ; et depuis plusieurs années, cet écrit eût vu le jour, si nous n'eussions été retenus par une considération majeure. Quelle est elle ? la voici.

Bien des personnes supposent que Napoléon Ier a la grande âme d'un héros ; mais ce qui est beaucoup plus certain, c'est qu'il a l'âme très-vindicative. Parler de lui sans le louer, est à ses yeux un grand tort. Mais en dire du mal, est un crime impardonnable, même de la part de ceux qui ne vivent pas sous ses lois ; et ce crime ne peut être expié que par la mort du coupable. Le malheureux Palm en a fait la trop cruelle expérience.

Nous avons donc dû attendre, pour parler, que la providence nous eût placés dans une asile où la liberté est assurée, où la vérité conserve tous ses droits, et où la main facilement homicide de l'irascible despote ne peut atteindre.

Nous avons vu de bien près, durant cette fameuse campagne, les maux et les douleurs de nos compatriotes. Nous avons vu d'incroyables vexations, et même des cruautés réfléchies. Notre devoir est de les dire, puisque nous voulons instruire nos contemporains : tout ce qu'on peut nous demander, c'est que la compassion ou la haine ne nous fassent pas sortir des bornes de la vérité ; et nous croyons n'en être jamais sortis. Nous appelons en témoignage, sur ce point, des milliers d'hommes qui ont vu, comme nous, ce dont nous parlons ; et nous ne craignons pas qu'un seul nous démente, à moins qu'il ne soit le flatteur ou l'esclave de Buonaparté.

Bien des personnes se sont persuadées que cette campagne suffisoit pour assurer à Buonaparté la réputation d'un grand général, chez qui le talent et le courage avoient suppléé à l'inexpérience. Mais en examinant sa marche, on verra que ses coups d'essai n'ont pas tous été des coups de maître ; et qu'il y a eu dans ses succès bien plus de ruse et de bonheur, que de sagesse et d'intelligence. Et l'on finira peut-être par reconnoître que tout autre général placé dans les mêmes circonstances, et disposant des mêmes moyens de réussite, eût fait autant que lui et même plus.

Quoiqu'il en soit, tout le monde pourra faire une observation assez curieuse ; c'est que Buonaparté s'est montré le même dans sa première campagne et dans sa dernière. Dans la première, où il étoit tout neuf, et la dernière, où il avoit dejà acquis une longue expérience ; dans la première, où il étoit agent d'un Directoire Républicain, et dans la dernière, où il étoit le maître absolu et tout-puissant d'un très-grand empire, vous voyez toujours le même homme, plein de jactance, ivre de ses succès, les exagérant avec impudeur, parlant de ses ennemis avec un profond mépris, faisant des proclamations mensongères pour amorcer les peuples, et ne tenant jamais aucune des promesses qu'il a faites.

Vous le voyez user de la même perfidie pour tromper les Cabinets, pour paralyser les Puissances, pour cacher des projets désastreux sous l'apparence d'une modération qui n'est que dans ses paroles.

Vous voyez la même âme, dure et cruelle, comptant pour rien tout le genre humain ; prête à sacrifier à son aggrandissement, et la nation Françoise toute entière, et celles qu'il a subjuguées, et celles qu'il pourroit subjuguer encore; prodiguant le sang comme l'eau; en un mot, une âme que la grandeur a enflée, mais qu'elle n'a point ennoblie; une âme en qui l'extrême bonheur a renforcé tous les vices qui y étoient déjà, et en a fait naître de nouveaux.

Avant d'entrer en matière, nous-devons prévenir le lecteur, que nous nous proposons particulièrement de réfuter un ouvrage intitulé: *Campagne de Buonaparté en Italie pendant les années IV et V de la République Françoise; par un Officier Général.* Ce livre, imprimé en 1797 à Paris, renferme une multitude de mensonges. Il altère, il dénature les faits; c'est un monument d'adulation et de bassesse. Nous voulons lui opposer le langage modeste et simple de la vérité, et nous croirons avoir rempli par là une tâche utile. Si c'est un mérite que d'arracher à l'obscurité des noms faits pour être vantés, c'en est un aussi très-réel de faire évanouir ces réputations que l'illusion a créées ou grossies.

# RÉCIT HISTORIQUE
## DE
## LA CAMPAGNE DE BUONAPARTÉ
### EN ITALIE.

*Dans les Années 1796 et 1797.*

---

AVANT d'entrer dans les détails de cette campagne si vantée par les amis de Buonaparté, et encore plus par lui-même, il est nécessaire de fixer ses idées sur les forces respectives des Puissances belligérantes. Si l'on en croit l'historien dont nous avons parlé, Buonaparté n'avoit que cinquante mille hommes de troupes, et il avoit à combattre une force armée de deux cents quatre-vingt mille hommes : et pour donner quelque probabilité à cette assertion mensongère, cet historien fait le calcul suivant :

|   | Hommes |
|---|---|
| L'Armée Autrichienne montoit à | 80,000 |
| L'Armée Sarde, y compris les milices, à | 90,000 |
| L'Armée du Pape à | 30,000 |
| Celle du Roi de Naples à | 80,000 |
| Total | 280,000 |

Il n'y a qu'une observation à faire : c'est que de ces deux cents quatre-vingt mille hommes, il faut commencer par en retrancher deux cents vingt mille et plus. Et pourquoi cette énorme réduction ? Parce que l'armée Austro-Sarde, à laquelle seule Buonaparté alloit faire la guerre, ne renfermoit pas plus de cinquante-huit mille hommes. C'est ce qu'il est très-facile de prouver.

1. Les Sardes ne formoient pas plus de trente mille hommes : c'étoit tout au plus ce que pouvoit fournir le Roi de Sardaigne, qui avoit déjà été dépouillé de ses provinces limitrophes de la France. Ajoutez à ces trente mille Sardes environ vingt-six mille Autrichiens, et vous aurez à peu près l'exacte vérité. L'historien a beau porter l'armée de l'Empereur à quatre-vingt mille hommes, il est de toute certitude, que cette armée, loin d'avoir été augmentée, étoit moindre que celle qui, l'année précédente, avoit été confiée au Général Baron de Vins, et qui en tout n'avoit que trente-un mille hommes. Aussi le Roi de Sardaigne pressoit-il sans cesse l'Empereur d'augmenter son armée d'Italie. Il lui avoit envoyé, l'hiver précédent, deux courriers extraordinaires, pour hâter l'envoi des secours : et tous deux avoient rapporté à Turin l'assurance verbale et formelle qu'il alloit arriver des renforts considérables. Les mêmes promesses avoient été faites positivement au Marquis

Ghirardin, Ministre Plénipotentiaire de l'Empire près de la Cour de Turin. Aucune de ces promesses ne fut effectuée ; et la voix publique accusa, au moins de négligence, le Baron de Thugut, qui avoit alors la confiance de l'Empereur.

Il est vrai que le Roi de Naples avoit des troupes auxiliaires dans l'armée Austro-Sarde ; mais ces troupes n'excédoient pas deux mille quatre cents hommes.

Voilà donc les deux cents quatre-vingt mille hommes réduits à cinquante-huit mille quatre cents hommes ; et alors s'évanouit tout l'héroisme de Buonaparté, qu'on veut faire passer pour vainqueur d'armées immenses. Car, supposons que Buonaparté n'ait eu qu'une armée de cinquante-six mille hommes, il avoit des forces égales à celles des Alliés : et il avoit seize mille hommes de plus que n'en avoit Alexandre, lorsqu'il partit pour la conquête du monde : cet Alexandre auquel il a l'audace de se comparer ! et il avoit sur Alexandre un autre avantage, c'est que cette armée ne diminuoit jamais ; elle recevoit de France de continuels renforts ; nous en appelons au témoignage des habitans de la côte Occidentale de Gênes, depuis Varo jusqu'à Savone,

B

qui attesteront tous, que, dans l'hiver de 1795 à 1796, il s'est à peine écoulé un jour où ils n'aient vu défiler de gros détachemens de troupes Françoises, toutes fraîches, qui alloient joindre l'armée du nouveau Général. Et cela n'est point étonnant : Buonaparté étoit particulièrement la créature du Directoire ; il en étoit l'agent chéri, et tout le monde sait que le Directoire n'étoit nullement avare du sang des François. Et si l'on étoit curieux de savoir d'où venoit cette tendresse particulière du Directoire pour Buonaparté, il seroit aisé de répondre, que celui-ci avoit rendu un service essentiel au Directoire, l'année précédente, lorsque, le 5 Octobre, il tira à mitraille sur les malheureux habitans de Paris, dont le sang ruissela dans les rues, durant une nuit toute entière. D'ailleurs, Barras, le plus puissant des Directeurs, lui avoit une obligation toute particulière : c'étoit lui qui lui avoit sauvé les ennuis d'une passion usée, en recevant de sa main pour femme la trop célèbre veuve *Beauharnois*, qui est devenue encore plus honteusement célèbre sous le nom de l'Impératrice Josephine. Peut-être aussi le Directoire voulut-il tenir compte à Buonaparté de ce qu'il avoit fait pour la Révolution, lorsqu'en 1793 il présida au massacre des Toulonois avec un sang froid atroce, dont nul autre que lui n'est capable*.

Quoiqu'il en soit, voilà Buonaparté, qui, par un décret solennel avoit été banni de sa patrie †;

* Il existe encore une lettre de Buonaparte aux Représentans de la Convention, dans laquelle il exprime sa joie de ce qu'il n'a épargné *ni vieillards, ni femmes, ni enfans*, et de ce qu'il a fait exterminer par la baïonnette et l'épée ceux que le canon n'avoit que mutilés. Cette lettre est signée *Brutus Buonaparté*. Il se croyoit un Romain pour avoir fait un pareil exploit, tandis qu'il n'avoit été qu'un bourreau antropophage.

† C'est un fait attesté par des témoins graves, par des témoins oculaires, que Buonaparté a été chassé de Corse par un décret solennel qui le bannit à perpétuité, et ce n'étoit pas pour une de ces fautes que la jeunesse peut faire excuser, et que de belles actions subséquentes peuvent effacer. Il a été banni pour un crime, pour un véritable forfait, qui méritoit la mort. Voici le fait.

" En 1792, Buonaparté, retiré à Ajaccio, non comme émigré de France, mais comme agent de Révolution, travailloit ses compatriotes dans les principes du Jacobinisme. Il trouva une résistance à laquelle il ne s'attendoit pas, et dont il crut devoir se venger. Que fit-il? le jour même de la seconde fête de Pâques, à huit heures du matin, au moment où les fidèles sortoient de l'église cathédrale, il fait tirer sur le peuple par des brigands qu'il avoit postés exprès, la nuit précédente, dans le voisinage de cette église. Qu'on juge de là surprise et de l'effroi de ce peuple qui ne soupçonnoit rien de pareil. Plusieurs furent blessés, quelques-uns perdirent la vie. Toutes les circonstances aggravoient

Voilà Buonaparté, qui avoit été destitué, désarmé, comme terroriste, après la mort de Robespierre, transféré tout d'un coup au rang de Général d'armée. Voilà une carrière vaste qui s'ouvre à son ambition. Nous allons le suivre dans cette nouvelle carrière qui lui a servi d'échelon à la grandeur suprême.

### BATAILLE DE MONTENOTTE.

Cette bataille, par laquelle a commencé la campagne de Buonaparté en Italie, ne mérite aucune place dans l'histoire. C'est une action partielle peu remarquable, et non pas le choc de deux armées, comme semble le supposer le mot de bataille : il ne tient pourtant pas à l'historien de Buonaparté qu'on ne regarde cet événement comme le début très-brillant d'une superbe campagne. C'est une victoire véritable que Buonaparté a remportée sur Beaulieu en personne. L'historien de Buonaparté l'assure

---

le crime et appeloient une punition éclatante. Néanmoins Buonaparté en fut quitte pour un décret de bannissement et d'infamie. Ce décret est existant et consigné dans les archives du pays ; il fut provoqué et signé par le fameux Général Paoli, qui présidoit l'Assemblée de la Corse. Pourquoi a-t-on usé de tant d'indulgence; pourquoi le glaive de la justice n'a-t-il pas frappé alors une tête si coupable ?—*O utinam !*

très-positivement. Il n'y a à cela qu'une difficulté ; c'est que Beaulieu n'a point paru à *Montenotte*. Il avoit pris ses quartiers d'hiver dans la Lombardie Autrichienne, et il n'en étoit pas encore sorti, lorsqu'il apprit l'arrivée de dix mille François à *Voltri*, commandés par le Général *Cervoni*. Il fut averti que l'objet de ce Général étoit de se porter, par le chemin de *Vado*, ou de *la Bochetta*, pour faire une diversion dans le voisinage de *Tortone* ou d'*Alexandrie*, pendant que le reste des forces républicaines s'avanceroit dans la partie connue sous le nom des *Langues de Mont-ferrat*. La lettre ajoutoit, que si Beaulieu vouloit s'emparer du poste important de *Montenotte*,, il feroit bien de l'attaquer avant le 9 d'Avril, qui étoit le jour où le poste devoit recevoir des renforts. Je puis parler avec certitude de cette lettre, puisque c'est à moi qu'elle fut adressée, pendant que j'étois à *Dego*, et je la fis parvenir promptement au Général Beaulieu, par le canal du Général Roccavina. Cette lettre étoit datée du 31 Mars, et venoit de *Vado*.

Beaulieu profita de cet avis ; et, pour prévenir le dessein des ennemis, il ordonna à l'instant à d'Argenteau de se trouver avec sa petite division à *Dego*, le 5 d'Avril, pour aller de là à *Montenotte* le 6, et l'attaquer dès le matin, de concert avec le Général Roccavina. Quant à lui il prit seulement avec lui six mille hommes, et marcha sur *Voltri*. La chose fut si bien conduite, et son arrivée à *Voltri* si prompte, si subite, si inattendue, que Cervoni fut absolument surpris, et que, malgré sa supériorité, il délogea de la ville en désordre, ou, plutôt, il prit la fuite avec une extrême précipitation, laissant beaucoup de morts, de blessés, et, en outre, plus de deux mille prisonniers, que Beaulieu envoya à Pavie.

Que l'on juge par là de la confiance qu'on doit avoir dans l'historien de Buonaparté, qui rapporte que Beaulieu *fit attaquer Voltri* par dix mille hommes, le 20 Germinal, ou 10 Avril ; tandis qu'il *l'attaqua en personne*, le 8 Avril, à la tête de six mille hommes seulement. Le même historien ne donne que trois mille hommes à Cervoni, qui en avoit dix mille ; et il fait un grand éloge de ce Cervoni, qu'il dit s'être *défendu avec l'intrépidité ordinaire des soldats de la liberté;* tandis qu'il a fait une retraite précipitée, en désordre, ou plutôt en déroute, avec une perte considérable d'hommes et de munitions.

Si le rapport de l'historien est tout à fait mensonger sur l'affaire de *Voltri*, il n'est pas plus véridique sur l'affaire de *Montenotte*. Il fait attaquer ce poste par Beaulieu, à la tête de quinze mille hommes le 21 Germinal, ou 11 Avril. Autant de paroles, autant d'erreurs. Ce n'est point Beaulieu qui a attaqué *Montenotte ;* ce sont les Généraux d'Argenteau et Roccavina. Ils n'étoient pas à la tête de quinze mille hommes, mais seulement d'environ neuf mille, puisque toute leur force consistoit en neuf bataillons Autrichiens. Ils n'ont point commencé l'attaque le 11, mais le 10 au matin. La seule chose qui soit vraie, c'est que, malgré des renforts considérables que le poste avoit reçus, le 9 Avril, toutes les positions des François furent attaquées et culbutées, excepté la dernière où ils purent se maintenir. Cette redoute étoit défendue par le Chef de Brigade *Rampon*, qui s'y conduisit en homme de cœur. Mais en faire un héros, qui *pendant une nuit entière a résisté avec quinze cents hommes à toute une armée qui étoit à la portée du pistolet*, c'est aller beaucoup au delà de la vérité. Voici le fait, tel qu'il s'est passé.

Les Autrichiens arrivèrent devant cette dernière redoute, lorsque la soirée étoit déjà bien avancée. Les Généraux d'Argenteau et Roccavina, pour ménager leurs troupes et leur faire reprendre haleine, après un combat qui avoit duré toute la journée, crurent devoir suspendre l'attaque de la redoute. Ils se bornèrent à prendre les positions les plus avantageuses, et alors il ne se fit plus, de part et d'autre, qu'un feu très-lent et très-foible qui n'avoit d'autre objet que de s'inquiéter réciproquement. C'étoit durant la nuit qu'on devoit faire l'attaque sérieuse, et avec vivacité. Malheureusement, le Général Roccavina fut blessé grièvement, et obligé d'aller, tout de suite, de *Montenotte* à *Dego*, pour s'y faire panser. Je parle de faits qui me sont bien connus, puisque j'étois moi-même à *Dego*, lorsque Roccavina y arriva.

Ce brave Général, avant de quitter *Montenotte*, avoit eu soin de recommander à d'Argenteau de faire donner l'assaut à la redoute, durant la nuit, afin que les François qui devoient arriver en force, le lendemain matin, trouvâssent les Autrichiens en possession de ce poste important. D'Argenteau l'avoit promis, il n'en fit rien. Ce fut une grande faute, et elle a eu des résultats très-fâcheux, qui ont influé sur toute la campagne.

En effet, le lendemain matin, à peine le soleil commençoit à paroître, que d'Argenteau, voyant arriver des François de toutes parts, en fut effrayé, et fit sur-le-champ battre la retraite. Jamais retraite ne s'exécuta plus promptement. Dès le milieu de la matinée, il ne restoit d'Autrichiens à *Montenotte*, que ceux qui ne pouvant se retirer avec la rapidité des autres, aimèrent mieux se faire prendre que de perdre inutilement la vie.

Buonaparte s'est vanté d'avoir préparé et décidé cette victoire, en portant les troupes de *son centre et de sa gauche sur le flanc et les derrières des Autrichiens, où Massena parut semant partout l'épouvante et la mort.*

Qu'est-ce que prouvent ces expressions poétiques? Elles prouvent que Buonaparte a déployé de grandes forces contre un ennemi très-foible, et qu'il veut enfler ses succès, en multipliant sous sa plume des obstacles qui n'existoient pas en réalité. Ainsi, il s'obstine à soutenir que la Harpe et Beaulieu s'attaquoient et se chargeoient avec fureur; tandis que Beaulieu étoit à cinquante milles de *Montenotte*, puisqu'il étoit alors à *Acqui*, ce qui peut être attesté par tous les habitans de cette ville, qui savent très-bien dans quelle fureur entra Beaulieu, lorsqu'il y apprit que d'Argenteau, à qui il avoit donné ordre d'attaquer *Montenotte*, dès le 6 d'Avril, ne l'avoit attaqué que le 10.

C

Il faut, pourtant, convenir que Beaulieu, dès qu'il sut l'avantage qu'avoient remporté d'Argenteau et Roccavina, qui n'avoient plus à forcer que la dernière redoute de *Montenotte*, se décida à marcher à leur secours ; et il alloit partir, lorsque, quelques minutes avant de monter à cheval, il reçut la nouvelle que d'Argenteau avoit perdu tous les avantages que lui avoit procurés l'attaque de la veille.

Pour rendre la chose plus tragique, Buonaparté, ou son historien, assure que les deux Généraux d'Argenteau et Roccavina, furent grièvement blessés à la bataille de *Montenotte ;* mais il est de fait, que Roccavina n'y assista point, ayant été blessé la veille : et il est encore de fait que d'Argenteau s'échappa sain et sauf de cette bataille, n'ayant rien perdu que *l'honneur*.

Tous ces faits me sont encore bien présens, puisqu'ils se sont passés sous mes yeux.

J'étois à *Dego* avec Roccavina, lorsque nous fumes instruits de la fâcheuse retraite de d'Argenteau : je me rappelle bien distinctement, que vers les dix heures du matin, je m'étois porté du côté de *Montenotte*. J'y vois arriver une foule de paysans qui venoient vers moi. Je les interroge ; ils me répondent, tout effrayés : " Vous allez les voir

" vous-même, de vos propres yeux, à *Dego*. Tout
" *Montenotte* est couvert de François. Dès que les
" Autrichiens ont vu, à la pointe du jour, dans le
" lointain, les ennemis qui venoient en grand nom-
" bre, et en toute hâte, soit du côté de la Madone
" de Savone, soit du côté d'Albizola, ils se sont mis
" à fuir encore plus vîte que nous; et il y a déjà
" long-temps qu'ils ont abandonné *Montenotte*."

Qui fut surpris? Ce fut moi. Je cours vîte annoncer à Roccavina cette fatale nouvelle :

" Mon ami," me répondit-il, en souriant, " n'en
" croyez rien. Ce que ces paysans vous ont dit de
" la fuite de nos troupes ne peut être. Ces gens
" ne sont point accoutumés à voir des corps d'ar-
" mée, ni des combats. Ils auront, peut-être, vu
" faire à d'Argenteau quelque mouvement rétro-
" grade; soit parce qu'il n'a pas donné à la redoute
" l'assaut dont nous étions convenus, soit parce
" qu'il l'a donné sans succès. Mais encore s'il
" n'étoit plus à *Montenotte*, où se seroit-il retiré,
" pour sauver ses troupes? C'est ici, à *Dego*, qu'il
" devoit venir. Il n'ignore pas combien cette
" position est avantageuse, et combien il importe de
" la défendre, et de s'y maintenir. Il sait encore
" que, sans sa troupe, nous avons ici trop peu de

" monde, pour résister long-temps\*. Et puis, si
" d'Argenteau eût choisi une autre retraite, il m'en
" eût donné avis, afin que je pourvûsse du mieux
" possible à la sureté de ce poste et à la mienne."

A peine m'eût-il ainsi parlé, qu'il expédia sur-le-champ vers *Montenotte* un de ses aides de camp, escorté de trois houssards. Aucun des quatre ne revint; ils avoient été faits prisonniers.

Nous passâmes le reste de la journée dans la plus cruelle incertitude; mais, enfin, arriva, vers le soir, l'avis officiel que donnoit d'Argenteau à Roccavina, que l'ennemi l'avoit forcé de se retirer à *Pareto* (lieu situé derrière *Dego*, et qui en est éloigné d'environ trois heures de chemin); mais qu'il ne manqueroit pas de voler à son secours dès que le bruit du canon l'avertiroit que *Dego* seroit attaqué par les François.

Cette nouvelle fut un coup de foudre pour Roccavina. Il avoit passé tout le jour dans de rudes angoisses, et cette lettre y mit le comble. Il en versa des larmes; et s'apercevant que j'en étois attendri : " Mon ami," me dit il, " ma douleur est

---

\* Il n'y avoit à Dego, au moment où il me parloit, que le bataillon Autrichien de Pellegrini, et deux régimens Sardes, de 800 hommes chacun : ils y étoient arrivés depuis peu, et n'y étoient que provisoirement.

" amère et profonde : d'Argenteaù a fait trois fautes,
" plus fortes les unes que les autres. Il a manqué
" d'attaquer *Montenotte* le jour prescrit par le
" Général Beaulieu ; il vient de manquer de donner
" l'assaut à la dernière redoute de *Montenotte ;* et
" voici qu'il laisse à découvert le poste de *Dego*,
" qui, dans ce moment, est le plus important pour
" notre armée. Cette dernière faute est la plus
" grave, et la plus impardonnable. Je prévois des
" malheurs prochains, qui vont fondre sur notre
" armée ; et il est affreux de penser que la gloire
" de notre maître et l'honneur national vont être
" compromis."

Nous en avons dit assez, et même trop, sur cette affaire de *Montenotte*, à laquelle Buonaparté et ses panégyristes ont donné une importance qu'elle ne méritoit pas. Comme c'étoit le début du nouveau Général, on a fait retentir, de toutes parts, le bruit d'une très-grande victoire. Comme on vouloit faire passer Buonaparté pour un Alexandre, peu s'en est fallu qu'on n'ait assimilé la bataille de *Montenotte* à celle d'Arbelles, ou du Granique. Pour accréditer cette fable, qu'a-t-on fait? On a altéré le fait dans sa substance, et dans ses circonstances. On a créé des faits qui n'existoient pas, et on a suppléé à la vérité, par la hardiesse et la charlatanerie ; on a feint une bataille générale, là où il n'y a eu qu'une action partielle ; on a supposé une très-grande résistance, là où il y en a eu une très-foible, puisque d'Argenteau n'a nullement disputé le terrain : on a nommé trois Généraux Autrichiens qui faisoient une très-belle défense, savoir Beaulieu, qui étoit à la tête de quinze mille hommes, et qui encore avoit reçu des renforts ; et Roccavina et d'Argenteau, qui commandoient des corps considérables. Eh bien ! tout cela est fiction, pure fiction. Beaulieu étoit à une grande distance du champ de bataille ; Roccavina n'y étoit pas non plus. Il étoit allé se faire panser à *Dego*, d'une blessure grave. Il n'y avoit que d'Argenteau, à la tête de huit ou neuf mille hommes, au plus, et d'Argenteau a pris la fuite. On a supposé, que dans cette action très-chaude, Roccavina et d'Argenteau avoient été blessés ; mais Roccavina l'avoit été la veille, et d'Argenteau s'y prit de manière à ne pas l'être.

Qu'on juge, maintenant, du degré de confiance que mérite ce premier rapport, fait par Buonaparté au Directoire. C'est un assemblage honteux de faussetés. On diroit que c'est *Sosie*, qui ne s'étant point trouvé à une bataille, veut pourtant en rendre compte à son maître Amphitryon, comme s'il eût tout vu.

Ce que l'on voit de plus clair dans cette circonstance, c'est que Buonaparté avoit déjà usé du grand ressort de la corruption, auquel il doit la plus grande partie de ses succès militaires ; car il faut être aveugle, pour ne pas voir que d'Argenteau, le seul général que Buonaparté ait eu à combattre à *Montenotte*, a été, en même temps, et un lâche, et un traître. Il a été traître, celui qui n'a point attaqué *Montenotte* le jour que son Général lui avoit prescrit, et qui a attendu que ce poste eût reçu des renforts. Il a été traître, celui qui, dans sa retraite, ou plutôt dans sa fuite, s'est éloigné de *Dego*, et a laissé à découvert ce poste, le plus important à conserver pour les Autrichiens.

### BATAILLE DE MILLESIMO.

Si la bataille de *Montenotte* a été beaucoup moins glorieuse pour Buonaparté qu'elle n'a été honteuse pour d'Argenteau, on peut dire que celle de *Millesimo* a fait beaucoup plus d'honneur au Général Autrichien, Provera, qu'à Buonaparté :

nous disons bataille de Millesimo, non qu'il y ait rien dans cette action, qui mérite le nom de bataille, mais pour nous prêter au langage de l'historien François de la campagne d'Italie. Il est vrai que Buonaparté, rendant un compte officiel au Directoire, aggrandit cet événement autant qu'il peut; mais à travers son langage pompeux, on voit qu'avec de grands moyens, il a fait de petites choses.

" Le 24 Germinal," dit-il, " à la pointe du jour, " le Général Augereau, avec sa Division, força les " gorges de *Millesimo*, dans le temps que les Géné- " raux Mesnard et Joubert chassèrent l'ennemi de " toutes les positions environnantes, enveloppèrent, " par une manœuvre prompte et hardie, un corps " de quinze cents Autrichiens, commandés par le " Lieutenant Général Provera, qui, loin de se rendre " prisonnier, se retira sur le sommet de la montagne " de *Cosseria*, et se retrancha dans les ruines d'un " vieux château, extrêmement fort par sa position."

Voilà, donc, à quoi aboutit la manœuvre hardie de plusieurs Généraux François : à envelopper un détachement de quinze cents hommes qui ne se rend point, mais qui va *se retrancher dans les ruines d'un vieux château.*

Mais, apparemment, l'armée invincible de Buonaparté délogera promptement cette poignée d'hommes! Non : écoutez le rapport officiel.

" Le Général Augereau fit avancer son artillerie.
" On se canonna pendant plusieurs heures. A
" onze heures du matin, je fis sommer le Général
" Provera de se rendre ; mais une canonnade vive
" m'obligea à me transporter vers ma droite. Il
" parlementa plusieurs heures avec Augereau ;
" mais les conditions qu'il vouloit n'étant pas rai-
" sonnables, et la nuit approchant, Augereau forme
" de sa division quatre colonnes, et les fait marcher
" contre le château de *Cosseria*. Déjà Joubert,
" qui en commandoit une, avoit passé dans les
" retranchemens ennemis ; mais il est renversé par
" terre, on le croit mort. Banel, qui commande
" la seconde colonne, est tué. Quercin, qui com-
" mande la troisième, est tué....La nuit, qui arriva,
" fit craindre que l'ennemi ne cherchât à se faire
" jour l'épée à la main...Je fis réunir tous les
" bataillons." &c. &c.

Si nous nous en tenons à ce que je viens de citer, il faut dire que tout l'avantage, toute la gloire de la journée de *Millesimo*, ont été du côté de Provera ; puisque du propre aveu de Buonaparté, ce Général

D

a soutenu, durant un jour entier, une attaque faite par des forces infiniment supérieures aux siennes ; qu'il a répondu à une canonnade très-vive, par un feu très-actif, qui a duré plusieurs heures ; que sommé de se rendre, il ne l'a pas voulu ; qu'il a rejeté toute capitulation dont il n'auroit pas dicté les conditions : qu'Augereau, ayant assailli le château de *Cosseria* avec sa nombreuse division, partagée en quatre colonnes, Provera les a repoussées toutes les quatre, ayant tué deux Généraux François, et blessé grièvement un troisième ; et qu'à la fin du jour n'ayant pas encore été entamé, il gardoit une attitude si fière, qu'on craignoit qu'il ne forçât le passage à travers l'armée, l'épée à la main. Que doit-on donc penser d'une armée qui a été arrêtée tout un jour par un si petit obstacle, aux pieds d'un vieux château ruiné !

Aussi, Buonaparté, qui sentoit bien qu'on pourroit lui imputer à déshonneur, d'avoir éprouvé une si forte et si longue résistance de la part d'un officier qui ne commandoit qu'une très-petite troupe, s'efforce-t-il de faire croire qu'il a eu à triompher de nombreux ennemis ! Et pour le persuader, il suppose qu'une armée Austro-Sarde s'est trouvée en présence de l'armée Françoise. Mais cette armée

Austro-Sarde est tout à fait de sa création ; car il n'en a point paru à *Millesimo*. Il voudroit faire entendre que cette armée étoit celle du Général Colli, qui commandoit les troupes Sardes et huit mille Autrichiens auxiliaires ; mais il n'ose pas le dire ; parce que ce Général étoit alors occupé à faire face à l'armée d'observation commandée par le Général Serrurier.

Cependant il veut toujours, à toute force, avoir été attaqué par des régimens ennemis. Voici comme il s'exprime :

" Mon aîle gauche tenoit bloqué le Général Pro-
" vera. Plusieurs régimens ennemis, entr'autres,
" celui de *Beljoyoso* tentèrent de forcer mon centre ;
" le Général Mesnard les repoussa vivement."

Ces régimens ennemis qui ont tenté de forcer le centre de Buonaparté sont absolument comme l'armée Austro-Sarde ; ils sont une pure invention de Buonaparté : aucuns régimens ennemis ne l'ont attaqué éxcepté celui de *Beljoyoso*. Et quel étoit ce régiment ? c'étoit celui que commandoit Provera. Et pourquoi Buonaparté ne nomme-t-il que ce régiment ? c'est qu'à l'exception de quelques compagnies de milices Sardes, tous les hommes qu'avoit avec lui Provera, étoient du régiment de

*Beljoyoso.* Et comment ce régiment a-t-il cherché à forcer le centre de Buonaparté ? c'est qu'effectivement Provera fit une sortie pour s'ouvrir passage à travers les François, sortie qui ne réussit point. Si ce régiment eût été accompagné d'autres troupes, comment Buonaparté n'en eût-il pas su le nom? Lui qui entre toujours dans ces détails, n'eût pas manqué de citer et les corps, et ceux qui les commandoient. Son silence sur ce point est un argument très-fort.

Au reste, pour bien fixer nos idées sur cette affaire de *Millesimo*, revenons un peu sur les faits bien constatés.

*Cosseria* est un vieux château sous la domination du Roi de Sardaigne : il est situé, non sur la cîme d'une montagne, comme le dit Buonaparté, pour exagérer les difficultés qu'il avoit à vaincre, mais sur la hauteur d'une colline, peu éloignée dès *Carcare*, dans la partie qu'on appelle *les langues de Montferrat*. Ce château est avantageusement placé pour défendre le passage qui conduit de *Millesimo* à *Ceva* et à *Mondovi*. On y avoit élevé de bons retranchemens. C'est là que s'étoit logé Provera, avec ses quinze cents hommes. Buonaparté y arriva le jour suivant, et fit faire sur-le-champ une intimation à Provera de se rendre. Celui-ci n'étoit pas homme à s'effrayer ; il fit réponse, que l'honneur et la fidélité envers son Souverain lui imposoient la plus étroite obligation de se défendre jusqu'à la dernière extrémité.

Lorsqu'il fit cette vigoureuse réponse, il avoit encore l'espérance de recevoir des secours du Comte de *Colli*, qui commandoit l'armée au service du Roi de Sardaigne, dont son détachement faisoit partie. Mais le Général Colli ne put expédier aucun secours.

1. Parce qu'au moment où il alloit en faire partir, il apprit que *Cosseria* étoit enveloppé, de toutes parts, par l'armée Françoise. 2. Parce qu'il étoit nécessaire de tenir sa petite armée réunie, pour faire face à l'armée d'observation du Général Serrurier, laquelle étoit postée dans la vallée d'*Oneil*, le long du Tanaro, et avoit déjà fait quelques mouvemens hostiles.

Faute de secours, Provera ne se manqua pas à lui-même. Avec le peu de monde qu'il avoit, il déploya une valeur et une intrépidité vraiment merveilleuses. Durant deux jours entiers, il soutint et repoussa les assauts répétés que Buonaparté fit donner avec fureur au vieux château de *Cosseria*.

Durant ces deux jours, la perte des François fut

considérable. Buonaparté a eu la prudence de n'en pas parler. Il avoue seulement, que deux de ses Généraux furent tués en marchant à la tête de leurs colonnes respectives, et qu'un troisième fut grièvement blessé. Combien d'officiers d'un rang inférieur dûrent rester sur la place! et ensuite quelle boucherie de soldats! Mais on sait que Buonaparté, depuis qu'il fait la guerre, a toujours compté pour rien la vie du soldat.

Provera fut enfin obligé de se rendre. Buonaparté parle de cette reddition comme s'il n'y eût pas eu de capitulation; il y en eut pourtant une, et très-honorable pour ce Général, qui obtint tout ce qu'il demandoit. Buonaparté comprit qu'une plus longue résistance, de la part d'un homme aussi brave, fatigueroit son armée, et pourroit la décourager. D'ailleurs, il ignoroit que Provera ne demandoit à capituler que parce qu'il avoit absolument épuisé ses provisions de guerre de toute espèce. Voici les articles de la capitulation:

1. Le Général Provera, et tous ses officiers, garderont leurs armes.

2. La garrison sortira de *Cosseria*, tambour battant; elle ne déposera ses armes qu'aux pieds des retranchemens qu'elle a défendus.

3. Le Général Provera, et tous les officiers sous ses ordres, pourront passer, avec armes et bagages, dans les Etats de leur propre Souverain. Il suffira qu'ils donnent leur parole de ne point servir contre les François, qu'après leur échange.

D'après cet exposé, n'est-il pas évident que c'est Provera, et non Buonaparté, qui a été le héros de *Millesimo ;* et qu'une capitulation aussi honorable, après une si belle défense, équivaut à une victoire ?

Il est triste de dire, qu'un officier si distingué n'a pas été avancé dans sa carrière militaire, comme il eût dû l'être ; il est mort, il y a trois ou quatre ans à Venise, dans le sein de sa famille.

### COMBAT DE DEGO.

C'est sous ce nom que l'historien de Buonaparté rend compte de la troisième victoire de son héros ; mais il met dans ce récit une certaine confusion, volontaire ou involontaire. Nous allons tâcher de la faire disparoître, en racontant les faits dans l'ordre qu'ils se sont passsés.

Nous avons vu, ci-dessus, que le Général Beaulieu avoit recommandé à d'Argenteau de se porter à *Dego* en cas qu'il ne pût défendre *Montenotte*.

Il le lui avoit recommandé, parce que *Dego* est un poste très-important à conserver. Que devoit donc faire Buonaparté, après s'être emparé de *Montenotte?* Il devoit aller tout de suite attaquer *Dego :* il le devoit d'autant plus que ce poste se trouvoit presque sans défense. Il n'y avoit de troupes que deux régimens Sardes, formant seize cents hommes. D'Argenteau sembloit, d'ailleurs, lui en ouvrir les portes, puisque, contre l'ordre formel de son Général, il avoit porté ses troupes d'un autre côté. Qui le croiroit? Buonaparté tarda beaucoup à profiter de cette occasion ; et ce retard fut une grande faute parce qu'il donna à cette place le temps de se ravitailler en hommes et en munitions, et il en coûta, pour s'en rendre maître, beaucoup plus de peine, et beaucoup plus de sang.

C'étoit le 21 Germinal, ou 11 Avril, de très-grand matin, que la fuite de d'Argenteau avoit laissé les François maîtres de *Montenotte,* et ce ne fut que le lendemain 12 Avril, que Buonaparté se montra à *Dego* à deux heures après-midi. Veut-on savoir quelle fut la cause de ce retard? elle n'est pas glorieuse, mais elle est vraie. Buonaparté savoit que Roccavina s'étoit retiré à *Dego*, après sa blessure, qu'il s'y étoit même transporté à pied.

Or, la réputation de ce Général lui causoit de l'inquiétude : il craignoit, de sa part, une longue et forte résistance. Il voulut donc s'assurer, bien positivement, si Roccavina défendroit en personne le fort de *Dego,* ou si sa blessure étoit assez grave pour le forcer à remettre le commandement à un autre*.

* Ce n'est pas sur des oui-dire que je cite cette anecdote ; c'est parce qu'elle est certaine, et que j'en ai été témoin oculaire.

Un paysan, que je croyois être habitant de *Dego,* vint me trouver, et d'un air affligé me demanda des nouvelles de la santé de Roccavina. " Est-il bien vrai," me dit-il, " que le bon Général " Roccavina (ce sont ses propres expressions) est retenu au " par sa blessure ?" Cette question n'eut rien d'abord qui m'étonnât, parce que je savois que ce Général étoit aimé et respecté de tous, soit pour son honnêteté, soit pour la discipline exacte qu'il faisoit observer à ses troupes, partout où il passoit. Je répondis sans aucune défiance, que Roccavina étoit retenu au lit.

Un instant après, j'apprends que le paysan a disparu. Tout de suite j'ordonne de le poursuivre : il n'étoit plus temps : il étoit allé, à toutes jambes, rendre compte de sa commission ; et nous fûmes instruits, ensuite, par des officiers Autrichiens, qui avoient été faits prisonniers à *Montenotte,* et qu'on avoit renvoyés sur leur parole, que le retour de cet espion avoit occasionné une joie générale dans le camp des François ; et que ce n'étoit que d'après son rapport qu'on avoit commandé l'attaque de *Dego.*

Cette joie des ennemis est le plus bel éloge qu'on pût faire de

E

Délivré de la crainte d'avoir à combattre un si redoutable adversaire, Buonaparté ordonna, le 12 au matin, à Masséna, et à La Harpe, de marcher sur *Dego*, pour le battre, chacun à la tête de leur division.

A dix heures, nous commençâmes à apercevoir l'ennemi dans le lointain. Aussitôt, Roccavina monte à cheval, remet la commandement de la place entre les mains du plus ancien des deux colonels Sardes, et sort de *Dego*, ne laissant dans la place, à son grand regret, que trois mille six à sept cents hommes : savoir les deux régimens Sardes, le bataillon de *Pellegrini*, celui de *Stein*, qui n'étoit arrivé que la veille, et une compagnie d'artillerie Autrichienne.

Après avoir établi ces faits préliminaires, nous allons parler de ce que l'historien appelle le *Combat de Dego :* et comme il y a eu deux actions, très-distinctes, auxquelles on peut donner le nom de combat, nous parlerons successivement de ces deux actions.

Roccavina : mais, en même temps, la joie de Buonaparté fait voir que, dès ce temps, il ne craignoit rien tant que d'avoir en tête des hommes de cœur.

PREMIER COMBAT DE DEGO, OU PRISE DE CE
FORT PAR LES FRANÇOIS.

Si l'on en croit le rapport officiel de Buonaparté, cette première attaque de *Dego* a été pour les François la victoire la plus prompte, et la plus complette. Il n'a fallu que quelques heures pour déloger la garnison de *Dego*, pour poursuivre l'ennemi, l'envelopper, et faire de sept à neuf mille prisonniers. Voici ce qu'on lit dans ce rapport vraiment curieux.

" Avant une heure après midi, le Genéral Mas-
" séna déborda la gauche de l'ennemi, qui occupoit
" avec de forts retranchemens et de vigoureuses
" batteries, le village de *Dego*.... Le Général Boyer
" coupa la retraite à l'ennemi.... L'ennemi, en-
" veloppé de tous côtés, n'eut pas le temps de
" capituler : nos colonnes y semèrent la mort,
" l'épouvante et la fuite..... Nos troupes s'achar-
" nèrent à la poursuite de l'ennemi : le Général La
" Harpe les poursuivit vivement. Nous avons, dans
" ce jour, fait de sept à neuf mille prisonniers."

Il est difficile de parler avec plus d'emphase, quand il s'agiroit des triomphes les plus éclatans :

il est presqu'impossible, à tout autre que Buonaparté, de parler avec moins de vérité.

Voici les faits dans toute leur exactitude.

Le 12 Avril, ou 22 Germinal, vers midi, les François, que rien n'avoit arrêtés dans leur marche, et qui avoient pu prendre les positions les plus avantageuses, commencèrent à canonner *Dego*. Tous les canons des redoutes Austro-Sardes répondirent, et le feu continua, de part et d'autre, sans interruption, pendant deux heures. Enfin, les François, impatiens d'emporter le fort, et se promettant d'y faire un grand butin, se décidèrent à donner sur-le-champ un assaut général. En effet, l'assaut fut tenté, et plusieurs fois, et sur tous les points : mais chaque fois les canons des redoutes qui tiroient à mitrailles, et la mousqueterie dont le feu étoit bien dirigé, déconcertèrent les assaillans, et leur tuèrent beaucoup de monde : de sorte qu'après trois ou quatre efforts inutiles, qui leur coûtèrent beaucoup de sang, les François recommencèrent leur canonnade, et la continuèrent jusqu'à la nuit.

J'étois resté à *Dego* toute cette journée : à la nuit, je reçus ordre de me retirer avec une partie des bagages à *Montalto*, village derrière *Dego*, dans le voisinage de *Spigno*. Ce village n'étoit éloigné de *Dego*, que d'environ deux heures de marche. J'eus le plaisir de rencontrer, sur ma route, deux bataillons Autrichiens (de *Vilhem* et *Schroeder*) qui étoient venus d'*Acqui*, à marche forcée, dès qu'on y avoit entendu le canon. Ils purent s'insinuer dans la place avant la nuit.

J'eus un autre plaisir, non moins vif; ce fut d'être réveillé à *Montalto*, vers les onze heures du soir, par les commandans de deux autres corps, qui alloient aussi renforcer *Dego* : l'un étoit colonel du régiment Sarde de *Montferrat*, l'autre étoit Major du troisième bataillon de *Zeick-meuster*. Tous deux écrivirent, dès leur arrivée au Général d'Argenteau qui étoit à *Pareto*. Je leur donnai un de mes hommes pour porter leur lettre; il leur rapporta la réponse, dès la pointe du jour.

Le Général d'Argenteau donna au colonel l'ordre de se rendre en toute hâte à *Dego*, ce qu'il fit; et il y arriva, le 13 Avril au matin, sans accident.

Quant au Major, d'Argenteau lui permettoit de faire reposer sa troupe à *Montalto*, jusqu'à ce qu'il entendît l'ennemi reprendre l'attaque de *Dego*. Cette permission étoit juste, le bataillon Autrichien étant venu de *Vienne* à *Montalto* à marches forcées;

mais ce délai lui fut bien fatal. Au reste, son malheur l'a couvert de gloire. C'est un de ces faits militaires qu'on aime à entendre raconter, et qui méritent d'être conservés.

L'attaque de *Dego* recommença le 13 Avril, à huit heures du matin, mais le bataillon ne put se mettre en marche que vers les dix heures. Dans cet intervalle, une colonne Françoise, qui étoit celle du Général Boyer, s'étoit portée sur le chemin de *Dego* à *Spigno*, et avoit réussi à couper toute communication entre les Généraux d'Argenteau et Beaulieu ; le premier étoit à *Pareto*, et le second à *Acqui*. Le commandant de *Dego* avoit vu ce mouvement, et il n'avoit pu l'empêcher, étant occupé à repousser des attaques extrêmement vigoureuses.

Un des sentinelles de cette colonne Françoise aperçut le bataillon Autrichien qui marchoit vers *Dego*, et fit signal qu'il arrivoit un corps ennemi. On crut d'abord que c'étoit ou le corps qui étoit sous les ordres de d'Argenteau, ou un autre corps venant du quartier général d'*Acqui*. La colonne marche sur-le-champ à sa rencontre. Quelle dût être sa surprise, lorsqu'elle vit que ce corps, qui l'avoit inquiétée, n'étoit qu'un bataillon de mille hommes. Et combien plus grande encore fut cette surprise, lorsqu'elle s'aperçut qu'un corps aussi peu nombreux, loin d'être épouvanté et de fuir, l'attendit de pied ferme, sur une hauteur où il s'étoit rangé en bataille. Avant que l'action commençât, il s'éleva, du côté des François, un cri très-fort, et très-distinct : " A bas les armes, rendez-vous aux " soldats de la liberté." La seule réponse fut une décharge générale de mousqueterie, et de deux pièces de campagne chargées à mitrailles. Aussitôt commença un choc des plus opiniâtres, de part et d'autre, et malgré la très-grande supériorité des François, les Autrichiens firent feu sur eux, pendant une heure au moins.

Au bout de ce temps, les François, qui ne s'étoient point du tout attendus à une résistance si opiniâtre, prirent la résolution d'investir, la baionnette à la main, le reste de ce bataillon. Malheureusement, dans la plus grande chaleur de l'action, le brave Major qui commandoit ce bataillon de braves\*, avoit été blessé. Cette blessure avoit déconcerté

---

\* J'ai du regret de ne pas me rappeler le nom de cet officier distingué. Je me souviens seulement que c'étoit un Baron Brabançon ; et l'on m'a dit qu'il étoit à Vienne en 1805, et qu'il avoit le grade de Lieutenant Colonel et une pension.

et découragé ses soldats, et ils finirent par céder et se rendre. Le Major, tout blessé qu'il étoit, put échapper, par le moyen de quelques soldats qui le portèrent en lieu de sûreté. Je le vis panser à *Montalto*, où il me raconta les faits que je viens d'exposer, et que j'avois moi-même vus, en partie, du haut d'une colline très-voisine du champ de bataille.

Si, pendant ce combat, le Général d'Argenteau fût arrivé avec sa troupe, et s'il eût soutenu ce bataillon, il pouvoit chasser la colonne ennemie, rouvrir la communication entre *Acqui* et *Dego*, et sauver ce dernier poste : mais quoiqu'il eût écrit à Roccavina qu'il voleroit au secours de *Dego*, dès que le canon l'avertiroit que ce poste seroit attaqué ; quoique Roccavina l'eût positivement assuré au Colonel Sarde à qui il remit le commandement de *Dego* : d'Argenteau ne parut que lorsqu'il n'étoit plus temps, c'est-à-dire, deux heures après la destruction presque entière de ce fameux bataillon. Il parut ; mais aussi lâche à *Dego* qu'à *Montenotte*, il prit encore le parti de la fuite, après avoir fait une légère escarmouche ; et se retira par le chemin de *Spigno*. Cette retraite se fit toute la nuit par un temps très-obscur, avec une pluie effroyable. La troupe arriva à *Bistagno*, à huit milles d'*Acqui :* mais le Général passa la nuit à *Spigno* avec son Etat Major; et il y reçut la nouvelle de la reddition de *Dego*, qui eut lieu le 14 d'Avril.

Cette reddition ne doit certainement pas être reprochée au Commandant de la place; il avoit fait tout ce qu'on peut attendre d'un homme ferme et brave, pour défendre son poste; mais ce poste n'étoit plus tenable. Les munitions de guerre y étoient absolument épuisées, et ce ne fut qu'à la dernière extrémité que ce Commandant demanda à capituler. Buonaparté dit qu'il n'a pas eu le *temps de capituler*. Une pareille assertion peut étonner ceux qui, comme moi, savent que l'attaque a duré pendant trois jours; mais elle n'étonne point ceux qui connoissent combien Buonaparté est emphatique et exagéré lorsqu'il parle de ses succès. Sa folie est de passer pour un César, qui a toujours le droit de dire : " *Je suis* " *venu, j'ai vu, j'ai vaincu.*" S'il eût dit que le Commandant s'étoit rendu sans capitulation, il eût dit une vérité. Mais pourquoi s'est-il rendu ainsi ? C'est pour une cause très-honorable ; c'est qu'ayant constamment repoussé avec la plus brillante valeur de fréquens assauts donnés avec fureur, il ne lui restoit plus aucun moyen de défense. Il fait alors,

F

et seulement alors, offrir la capitulation : mais on la lui refuse. En est-il moins estimable ? Et celui qui refuse alors la capitulation, est-il au-dessus de celui qui ne la demande que lorsqu'il y auroit de la démence à ne pas la demander ?

Le Commandant se rendit donc prisonnier de guerre, lui et sa garnison. C'est ici que Buonaparté triomphe avec le plus de jactance. " Il a," dit-il, " fait sept à neuf mille prisonniers : il a pris un " Lieutenant Général, vingt ou trente Colonels, " cinq bataillons Autrichiens, trois régimens Sardes, " trois compagnies de Croates, quatre compagnies " d'Artillerie, quatre compagnies de Grenadiers."

Nous sommes obligés de réduire un peu ce calcul.

1. Il n'y avoit que trois régimens Sardes : donc, au plus, trois Colonels, et trois Lieutenans-Colonels.

2. Cinq bataillons Autrichiens n'avoient que cinq Chefs ; encore faut-il en retrancher le brave Major du régiment de Teick-meuster, qui avoit échappé, malgré sa blessure. Voilà donc les trente Colonels réduits à dix Chefs de corps.

3. Au lieu de quatre compagnies d'artilleurs, il n'y en avoit qu'une.

4. Les trois compagnies de Croates doivent être

retranchées en entier; elles avoient accompagné d'Argenteau à *Pareto*.

5. Buonaparté dit qu'il a pris tous ces corps presque en entier; et cependant il assure ensuite qu'il a tué de deux mille à deux mille cinq cents hommes. Avec un pareil nombre de morts, il y auroit eu, au moins, mille blessés; et, alors, voilà encore trois à quatre mille hommes à retrancher des sept à neuf mille prisonniers; et, alors, on est autorisé à dire que Buonaparté a enflé ce nombre, au moins de moitié.

6. Buonaparté parle d'un Lieutenant Général, qu'il a fait aussi prisonnier, et nous pouvons attester qu'il n'y avoit point de Lieutenant Général à *Dego*. Les officiers les plus distingués étoient les Colonels des trois régimens Sardes; c'est le plus ancien de ces Colonels qui a commandé à *Dego* toutes les manœuvres militaires jusqu'à la reddition de ce fort.

Pour rendre ce nombre de prisonniers plus probable, Buonaparté suppose que *ses troupes s'acharnèrent, de tous côtés, à la poursuite de l'ennemi;* mais c'est encore un récit romanesque de Buonaparté. Son armée n'a eu à combattre que la garnison de *Dego*, et le régiment de Teick-meuster. Et alors la garnison s'étant rendue prisonnière, il n'y a eu absolument aucun ennemi à poursuivre. Seroit-ce l'armée de d'Argenteau qu'on auroit poursuivie? Mais ce Général prudent s'y étoit pris de manière à n'être pas poursuivi : il avoit fait, comme à *Montenotte*, une retraite si précoce et si précipitée, qu'il s'étoit mis à l'abri du danger. D'ailleurs, sa conduite avoit été telle que Buonaparté ne pouvoit pas le ranger au nombre de ses ennemis. Autant il estimoit et craignoit Roccavina\*, autant il méprisoit d'Argenteau.

* Nous parlons toujours avec grand plaisir de cet homme précieux, que l'opinion publique désignoit pour être à la tête de l'armée Autrichienne. Les officiers François eux-mêmes lui rendoient hautement justice.

Je me rappelle avoir entendu dire à des citoyens de *Pavie* dignes de foi, qu'un jour plusieurs officiers François, prisonniers dans cette ville, s'entretenoient, sur la Place Publique, du mérite respectif des officiers Autrichiens. Quand ils en furent venus à Roccavina, ils parloient avec admiration de ses exploits guerriers; et ils finirent par dire: " Si après de telles preuves de valeur, " l'Empereur ne le met pas à la tête de son armée, à la cam- " pagne prochaine, il faut convenir que c'est un fou."

Roccavina est resté simple Major Général de l'armée : il n'a donc pas été récompensé comme il devoit l'être.

Quant à d'Argenteau, on l'a mis à un Conseil de guerre, tenu à Milan, et on lui a ôté le commandement des troupes auxiliaires au service du Roi de Sardaigne, et en cela, il a été trop peu puni:

Qu'on juge maintenant quel degré de confiance méritent les rapports officiels du Général Buonaparté

car, supposé qu'il n'ait pas été un traître avéré, au moins a-t-il été un lâche fait pour être dégradé avec infamie.

D'Argenteau étoit d'autant plus inexcusable dans l'affaire de *Dego*, que, deux ans avant, le Comte de Wallis lui avoit donné un exemple bien différent. En 1794, une des colonnes de l'armée de Scherer, Général François, se porta de la côte de Gênes vers *Dego*. Ce poste étoit alors occupé par les Autrichiens, qui l'abandonnèrent, à l'approche des François, par ordre de leur Général, l'Archiduc de Milan. A peine les Autrichiens en étoient-ils sortis, que le Comte de Wallis, Commandant en second de l'armée Autrichienne, arrive à cette place : il la voit, l'examine, et juge qu'on peut s'y défendre avec grand avantage. Il n'y avoit alors à *Dego* que quelques compagnies Sardes. Le Comte de Wallis les prie de rester ; et tout de suite il envoie un houssard de sa suite porter ordre à l'arrière-garde Autrichienne de rétrograder avec son artillerie et ses munitions. Cette arrière-garde retourne à *Dego*, s'y établit par ordre de Wallis, y attend les François, y soutient pendant un jour l'attaque la plus vive, leur tue une quantité immense de monde, et les met en pleine déroute. Après un si noble exploit, Wallis continue sa route pour aller rejoindre son Général. Quelle énorme différence entre Wallis et d'Argenteau ! Le premier gagne une victoire à *Dego*, presque contre l'ordre de son Général, et couvre de gloire les armes Autrichiennes : le second désobéit à son Général, qui lui ordonne de couvrir *Dego*. Au lieu de secourir cette place, il la livre autant qu'il est en lui ; il travaille en même-temps et pour son ennemi, et contre son pays.

au Directoire. Ce que nous en avons déjà dit, est fait pour les décréditer entièrement ; et ce que nous en dirons encore, prouvera qu'au lieu d'être des monumens de vérité, ils fourmillent de mensonges, du genre le plus impudent ; et qu'ils ne pourront jamais fournir à l'histoire que des matériaux fautifs et souillés d'impostures.

### SECOND COMBAT DE DEGO.

Nous venons de voir qu'il y avoit beaucoup à rabattre de la gloire que Buonaparté s'attribue pour la prise de *Dego*, qui peut se ranger parmi les exploits les plus ordinaires, puisqu'il n'y a rien d'héroïque à enlever un fort, lorsqu'il n'a plus nul moyen de défense. Nous allons voir qu'il y a encore plus à rabattre des éloges pompeux que son historien lui donne pour la reprise de *Dego*. Voici comme il raconte la chose.

" L'armée Françoise, fatiguée de la bataille qui
" avoit fini fort tard, étoit toute entière livrée à la
" sécurité de la victoire, lorsque Beaulieu, à la
" pointe du jour, rassemblant sept mille Autri-
" chiens, l'élite de son armée, enleva le village
" de *Dego*. La Génerale réveilla bientôt les Fran-
" çois. Massena commence l'attaque, à trois re-

" prises différentes ; et il est toujours repoussé. Le
" Général Causse n'est pas plus heureux ; il étoit
" près d'atteindre les ennemis, et il tombe mort....
" Il étoit deux heures après-midi, et l'affaire n'étoit
" point décidée. L'Adjudant Général Lanus, ral-
" liant la huitième demie-brigade d'infanterie légère,
" se précipite, à sa tête, sur la gauche de l'ennemi.
" Un instant après, ses troupes chancellent, mais son
" intrépidité les décide, et ses mouvemens combinés
" enlèvent *Dego*. La cavalerie achève la déroute
" de l'ennemi, qui laisse six cents morts, et quatorze
" cents prisonniers."

Il y a une première observation à faire sur ce récit, c'est qu'en accordant au panégyriste de Buonaparté tout ce qu'il dit ici à la louange de son héros, on ne lui accorderoit pas beaucoup : car un combat qui dure près de douze heures entre l'armée de Buonaparté et *l'élite de l'armée Autrichienne*, et dont le résultat final est de tuer six cents hommes à l'ennemi et de lui faire quatorze cents prisonniers, n'est assurément pas un combat d'une grande importance, ni qui mérite place dans l'histoire. Il est vrai qu'il en a résulté un avantage bien plus marqué, c'est la reprise de *Dego :* mais cette reprise rappelle une faute essentielle et impardonnable pour un Général.

Comment! Buonaparté devenu maître de *Dego*, après trois jours d'attaques les plus violentes, et les plus meurtrières, ne prend aucune des précautions qu'il faut, pour conserver ce fort. Il souffre que tous ses soldats et officiers plongés dans le sommeil et le vin,

" ......Vino somnoque sepulti."

laissent à la merci du premier occupant les portes et les murailles d'un fort qui leur a coûté tant de sang ; qu'ils le laissent sans défense, au point que les Autrichiens s'en emparent sans coup férir ! Un Général qui tolère de pareils désordres, est indigne de commander une armée.

L'auteur cherche à adoucir la chose, en disant : " que l'armée, fatiguée, étoit tout entière livrée à la " sécurité de la victoire." Mais on sait ce qu'étoit cette sécurité de la victoire chez les soldats de la Révolution, surtout dans ces premiers temps, où l'enthousiasme farouche de l'indépendance rendoit les âmes plus féroces. Ces soldats, alors, n'étant plus contenus par leur Général, qui, pour eux, n'étoit qu'un *citoyen*, étoient un fléau dévorant pour les villes et pour les campagnes. Ils ajoutoient aux usages cruels de la guerre, tout ce que peuvent inspirer des passions effrénées. Débauche, crapule, rapacité, spoliation totale des maisons, violences atroces envers les personnes ; Voilà le tableau en raccourci de la conduite des soldats de Buonaparté, en comparaison desquels les Goths et les Vandales n'étoient que des voleurs novices. Ces soldats s'appeloient encore *les soldats de la liberté* : ils auroient dû s'appeler les soldats de la licence, et de la licence poussée jusqu'où elle peut aller, de la licence avec ses plus sales excès et sa brutale insolence.

Jusqu'ici, nous avons supposé que le récit de l'historien étoit vrai ; mais, maintenant, nous allons prouver qu'il est faux, absolument faux, dans ses points les plus essentiels.

Il est faux que Beaulieu ait paru à ce combat. Il est faux qu'il y ait eu sept mille Autrichiens ; il n'y en avoit pas même la moitié. Il est faux que ces troupes fussent l'élite de l'armée de Beaulieu.

Non ; Beaulieu n'étoit point à ce combat de *Dego*, pas plus qu'il ne s'est montré à *Montenotte*, où Buonaparté a osé dire qu'il l'avoit bien battu, quoiqu'il fût à cinquante milles de là. Il est bien vrai que Beaulieu étoit parti d'*Acqui*, le 14 Avril, de bon matin, avec sept mille hommes, parce que d'Argenteau lui avoit écrit que la colonne ennemie devant laquelle il avoit fui, le 13 au soir, menaçoit d'avancer, et Beaulieu marchoit dans le dessein de la rencontrer : mais il n'alla pas plus loin que *Bistagno*, qui n'est qu'à six milles d'*Acqui ;* et après y avoir fait reposer sa troupe, il retourna à son quartier général d'*Acqui*.

Pourquoi cela ? Parce qu'il avoit reçu un nouvel avis de d'Argenteau, qui avoit passé à *Spigno* la nuit du 13 au 14, et qui lui disoit, que cette même colonne ennemie, au lieu d'avancer, avoit rétrogradé pour aller reprendre sa première position parce que *Dego* se défendoit toujours vigoureusement.

Mais, dira-t-on, il est si vrai que Beaulieu a été battu à *Dego* avec ses sept mille hommes, que Buonaparté l'a expressément écrit au Directoire. Or on ne concevra jamais qu'un Général d'armée écrive aux Chefs de l'Etat un fait de cette nature, s'il n'est avéré. Cette objection seroit bonne dans un temps ordinaire, où les Généraux sont choisis dans une classe d'hommes qui respectent autant la vérité que l'honneur : mais elle n'est d'aucun poids dans un temps de révolution, où l'on choisit des Géneraux parmi les hommes les plus méprisés et les plus coupables. Est-il donc si étonnant que

Buonaparté, agent criminel d'un Gouvernement qui n'étoit appuyé que sur le mensonge et le crime, ait rivalisé en mensonge avec ses maîtres ?

Mais, dira-t-on encore, le Directoire l'a si bien cru, qu'il en a écrit une lettre de félicitation à Buonaparté\*. Mais, depuis quand une lettre du Directoire est-elle un titre de vérité ? Que cinq brigands, oppresseurs de leur patrie aient cru, ou fait semblant de croire, un fait qui étoit faux, ce fait change-t-il pour cela de nature ? D'ailleurs, si Buonaparté avoit intérêt de faire croire qu'il avoit

---

\* Il n'est pas inutile de transcrire cette lettre des charlatans Directeurs au charlatan Général : la voici.

 " Il est satisfaisant pour le Directoire de voir justifier, par les
" lauriers que vous venez de cueillir, le choix qu'il a fait de vous
" pour conduire l'armée d'Italie à la victoire. Recevez aujour-
" d'hui, Général, le tribut de la reconnoissance nationale. Mé-
" ritez-la de plus en plus, et prouvez à l'Europe, que Beaulieu
" pour avoir changé de champ de bataille, n'a point changé d'en-
" nemi ; que battu au Nord, il le sera constamment par la brave
" armée d'Italie ; et qu'avec de tels défenseurs, la liberté triom-
" phera des efforts impuissans des ennemis de la République."

On ne sait si l'on doit rire ou s'indigner d'un pareil style. Ces cinq Directeurs, l'écume de la nation, vouloient prendre le ton majestueux des Sénateurs ou des Dictateurs Romains. Mais, dans leur bouche ce langage étoit stupide. Ils prenoient leur arrogance pour de la dignité ; c'est qu'ils vouloient couvrir leur bassesse par leur insolence.

battu un Général estimé, parce qu'il y a alors plus de gloire à être vainqueur, les Directeurs n'avoient-ils pas, de leur côté, intérêt de faire croire que leurs troupes battoient toujours les meilleurs Généraux étrangers? Et cela, pour tenir toujours la nation dans la stupeur et l'esclavage; et aussi pour inspirer aux jeunes gens le gout d'une guerre où l'on moissonnoit sans cesse et sans péril des lauriers?

Si l'on veut savoir, maintenant, quelles ont donc été les troupes avec lesquelles les François se sont battus dans la seconde affaire de *Dego*, nous allons raconter un fait militaire très-intéressant. Ce n'est qu'à un régiment Autrichien que les François ont eu affaire; c'étoit le régiment de Wokazowich, composé de trois bataillons, et formant en tout trois mille hommes. Ce régiment campoit à *Ponzone* près de *Sabello*, lorsqu'il reçut de d'Argenteau l'ordre de se porter en diligence au secours de *Dego*. L'intention de d'Argenteau étoit qu'il s'y portât dès le 14 Avril au matin; mais cet ordre, qui avoit été écrit après minuit, portoit la date du 14, et il y étoit dit, que ce n'étoit que le lendemain matin que le Colonel devoit marcher.

Il ne marcha donc que le 15, et ce retard involontaire lui fut très-utile.

A peine étoit-il en route, le 16 au matin, côtoyant

la montagne qui est sur la route de *Ponzone* à *Dego*, qu'il rencontra un paysan de *Spigno*. Celui-ci s'arrête, et voyant que le régiment se dirigeoit vers *Dego*, il interroge avec simplicité le premier officier qu'il rencontre. " Où allez-vous, vous autres ?"
—" Tu es un paysan bien curieux," lui répond l'officier avec dédain. Le paysan, sans se déconcerter, reprend : " Ce n'est point par curiosité,
" Monsieur l'officier,, que je vous demande où vous
" allez ; mais pour vous éviter une disgrâce, au
" devant de laquelle vous allez, sans le savoir. Vous
" prenez le chemin de *Dego*, autant que je puis
" comprendre ; vous ignorez donc qu'il a été rendu
" hier au soir aux François."

L'officier, tout étonné de cette nouvelle, demande avec empressement au paysan, d'où il la tient. " Vous voyez," lui dit celui-ci, " le pays qui est au
" pied de la montagne, c'est *Spigno*, ma patrie. Il
" y a à peine une heure, que j'en suis sorti. Sachez
" donc, que, ce matin, trois bonnes heures avant
" le jour, il y est arrivé une colonne d'environ dix
" mille hommes, sortie de *Dego*, tout de suite après
" sa reddition, et se portant vers *Acqui*. Les ha-
" bitans de *Spigno* ont eu ordre de leur fournir
" en abondance du pain, de la viande, du riz, du

" vin. Ils ont tous bien bu, bien mangé, et croyant
" l'ennemi bien loin, ils se sont tous mis à dormir
" sur la place et dans les rues, parce que le village
" ne peut pas loger tant de monde. Quel bon
" coup de main vous autres pourriez faire, si vous
" vouliez m'en croire! Je vous conduirois moi-
" même à *Spigno,* par un chemin détourné, et bien
" couvert d'arbres épais. Votre arrivée subite
" jetera l'épouvante parmi eux, et vous pourrez
" les faire tous prisonniers."

L'officier à qui parloit ce paysan, étoit un capitaine, qui le conduit aussitôt à son Colonel. Celui-ci l'interroge, et il répète avec naïveté ce qu'il avoit dit au capitaine. Le Colonel ordonne au régiment de suivre la route que lui indiqueroit le paysan, et de se préparer à faire feu, dès qu'il arriveroit à *Spigno.* C'est ce qui fut exécuté à point. Qu'on juge de la surprise des François, et de l'épouvante qui se mit parmi eux, en voyant l'ennemi si près d'eux! La victoire fut complette : on leur tua beaucoup de monde ; on en blessa encore plus ; et, en outre, on leur prit vingt-quatre pièces de campagne, et six étendarts tricolores.

Le Colonel Wokazowich envoya sur-le-champ donner avis à Beaulieu de cette victoire inattendue, qui étoit due au conseil d'un pauvre paysan de *Spigno*. Le Général envoya sur-le-champ chercher les vingt-quatre canons, les caissons, et tous les prisonniers dont l'arrivée jeta la joie dans la ville d'*Acqui*.

Le Colonel Wokazowich ne s'étoit pas contenté d'écrire à Beaulieu ; il avoit aussi écrit à d'Argenteau ; il lui demandoit de forts et prompts secours en hommes et en munitions de guerre, pour se soutenir à *Dego*, qu'il espéroit reprendre. En effet, il le reprit, le trouvant sans défenseurs. Les François, par terreur panique, l'avoient abandonné avant son arrivée. Ils s'étoient joints aux fuyards qui s'échappoient de *Spigno*, et tous se croyant poursuivis par un corps considérable, accéléroient leur fuite sans oser regarder derrière eux. Wokazowich prit donc possession de *Dego* sans le moindre obstacle : il y trouva la même artillerie qu'y avoit laissée la brave garnison Austro-Sarde ; et après avoir encore poursuivi assez long-temps les François, il retourna sur ses pas, et vint s'y renfermer, en attendant inutilement, et ce jour et la nuit suivante, les secours qu'il avoit demandés à d'Argenteau.

Buonaparté, informé, enfin, du petit nombre d'ennemis qui avoient repris *Dego*, et qui se déterminoient à le défendre, le fit investir avec une force imposante. Il convient qu'il fut valeureusement défendu, et en cela il a raison ; mais il persiste à dire que ce fut par Beaulieu et ses sept mille Autrichiens, et en cela il n'a pas dit la vérité.

Il fallut bien céder au grand nombre, et se décider à faire retraite ; Wokazowich la fit, mais d'une manière si noble et si brillante, qu'on ne peut s'empêcher d'admirer tant de courage.

A deux heures après midi, ce Colonel, voyant que les colonnes ennemies grossissoient toujours, et que ses moyens de défense alloient être bientôt épuisés, appelle ses principaux officiers, et leur parle ainsi :

" Braves camarades, nous touchons au moment
" de ne pouvoir plus nous défendre ; il n'y a qu'un
" moyen de nous sauver ; c'est de nous ouvrir le
" chemin d'*Acqui* par le sabre et la baïonnette. Ce
" moyen est un peu dangereux ; mais il est néces-
" saire. Après nous être couverts de gloire hier et
" aujourd'hui, irons-nous nous rendre prisonniers ?
" Un vrai Croate ne craint point le danger ; il n'a
" que l'honneur en vue. Je vous demande une
" prompte réponse, et je m'attends qu'elle sera con-
" forme à mes sentimens."

Il ne s'étoit pas trompé : la réponse fut courageuse, et l'exécution encore plus. On donne le signal : toutes les compagnies sortent, et se jettent avec intrépidité et fureur vers la gauche de *Dego*, pour aller de là à *Spigno* et *Acqui*. Alors commence un combat des plus acharnés à l'arme blanche, corps à corps ; combat des plus glorieux pour les Croates. Le nombre des ennemis ne les épouvanta pas : plus le danger augmentoit, et les obstacles sembloient devenir insurmontables, plus leur courage s'enflammoit. Ils rompirent les rangs, et s'ouvrirent le chemin au milieu des bataillons les plus épais. Enfin la retraite s'effectua ; et ces soldats, couverts de poussière, de sang, et d'honneur, arrivèrent à *Acqui*, au milieu des acclamations et des applaudissemens du peuple et de la garnison.

Buonaparté assure qu'ils ont perdu deux mille hommes en morts et prisonniers. Mais lui qui, dans son rapport, a porté à sept mille le nombre de ses ennemis, qui ce jour là n'étoient que trois mille, a bien pu aussi doubler la perte qu'ils ont faite. Ce qu'il y a de certain, c'est que plus de la moitié des trois bataillons sont arrivés à *Acqui*. Mais quand même ils auroient perdu les deux tiers de leur monde, ne devroient-ils pas être encore tous rangés dans la classe des héros ? Ceux qui ont péri, parce qu'ils ont affronté la mort avec une intrépidité extraordinaire ; et ceux qui ont survécu, parce qu'ils n'ont dû leur salut qu'à leur force, et à leur courage vraiment héroïques. Depuis quinze ans que Buonaparté fatigue le genre humain par la guerre, pourroit-on citer une seule action de lui, qui approche de ce trait immortel et sublime du Colonel Wokazowich ?

Si l'on nous demande, maintenant, comment il peut se faire que Buonaparté n'ait nullement parlé de ce Colonel, ni des avantages qu'il a remportés sur une colonne de dix mille hommes, ni de cette retraite qu'on ne peut trop vanter : nous répondrons que Buonaparté, qui parle avec enthousiasme de ses exploits personnels, toujours enflés, et quelquefois imaginaires, est toujours très-silentieux sur les belles actions et les exploits réels de ses ennemis. Ce n'est pas qu'il ne les loue quelquefois, et même souvent, de leur intrepidité ; mais c'est parce qu'en les louant, il se loue encore plus lui-même ; puisque cette intrépidité de ses ennemis donne un plus grand éclat à ses victoires. Nous répondrons aussi que, chez ce héros d'un genre tout nouveau, la basse jalousie est encore plus enracinée que la frénétique ambition.

Nous ne finirons pas cet article, sans parler d'un épisode que Buonaparté a inséré dans son récit du combat de *Dego*.

Il raconte que le Général François, *Causse*, reçut le coup de la mort au pied de ce fort qu'il attaquoit. Se sentant prêt à mourir, il appelle Buonaparté, et lui demande : " *Dego*, est-il repris ?"—" Les positions sont à nous," répond le Général en Chef. —" En ce cas," dit le moribond, " Vive la République ! je meurs content :" et aussitôt il expire.

Buonaparté s'extasie sur cet élan sublime d'un Républicain mourant ; et il n'y a pas beaucoup à s'extasier, puisque ce cri fanatique a été répété par des milliers de Républicains, à l'instant même qu'ils périssoient, s'il faut en croire les rapports faits à Robespierre, au Directoire, et à Buonaparté lui-même, avant qu'il n'eût imaginé de se dire Prince.

Ce qui seroit plus curieux, ce seroit de savoir quel langage eût tenu ce même Général entre les bras de la mort, s'il eût su que cette République, l'objet de sa tendresse, et qui occupoit ses dernières pensées, alloit bientôt être renversée ; qu'elle ne dureroit pas plus de sept ans ; que l'arbre de la liberté, planté au milieu des orages, et arrosé de tant de sang, alloit être abattu pour ne plus se relever ; s'il eût su que celui-là même à qui il confioit ses derniers vœux devoit, trois ou quatre ans après, sous le titre républicain de Premier Consul, se faire le dominateur absolu de la France, et, bientôt après, s'en faire le despote et le tyran, sous le nom orgueilleux d'Empereur.

### BATAILLE DE VICO ET MONDOVI.

Buonaparté ayant décrit le combat de *Dego*, comme nous venons de le voir, laisse de côté l'armée de Beaulieu, et la perd entièrement de vue, pour ne parler que des combats livrés à l'armée Sarde commandée par le Général Colli, et des victoires remportées sur elle en *Piémont* sans interruption à *Vico*, à *Mondovi*, à *Bene*, à *Cherasco*, à *Sossano*. Il finit par l'armistice que le Roi de Sardaigne fut obligé de conclure.

Fidèle à la parole que j'ai donnée de ne parler que des faits que j'ai vus, ou dont j'ai eu pleine certitude, je ne suivrai point Buonaparté dans sa nouvelle carrière. Employé à l'armée de Beaulieu, j'étois tout à fait étranger à celle de Colli; je me permettrai, cependant, de rapporter quelques anecdotes, et de faire quelques observations sur le récit que fait Buonaparté de ses rapides progrès, de ses continuels triomphes sur les Sardes, et aussi de l'armistice qui les a suivis.

Remarquons, d'abord, ce que dit Buonaparté avant de parler de la bataille de *Mondovi*.

" Le 28, à la pointe du jour, le Général Serrurier
" entra dans la ville de *Ceva*, et entoura la citadelle,
" qui avoit une garnison de sept à huit cents
" hommes. Mais l'artillerie de siége n'étoit pas
" encore arrivée ; elle n'avoit pu suivre la marche
" rapide de notre armée au milieu des montagnes."

Ceux qui se rappellent la manière dont les Généraux de la Convention Nationale, et du Directoire, annonçoient la reddition prochaine d'une place dont le Commandant avoit été gagné, ou qui étoit défendue par une garnison trop foible pour résister, seront tentés de croire que la citadelle de *Ceva* se rendit bientôt après cette dépêche de Buonaparté. Mais la vérité est, que cette citadelle ne s'est jamais rendue, et qu'elle fut remise par le Roi de Sardaigne en garantie de l'armistice qui fut signé quelque temps après. Nous avons, sur ce point, l'aveu de Buonaparté lui-même, qui, dans sa lettre au Directoire, dit :

" Le lendemain," dit-il, " c'est à dire le 10 Flo-

" réal, *Coni* fut remise aux mains des François,
" ainsi que l'ordre de leur rendre *Tortone*. Le 11,
" la *citadelle de Ceva* leur fut également rendue."

Ainsi, la citadelle de *Ceva* ne s'est pas rendue, mais a été remise comme garantie de l'armistice, treize jours après celui où Buonaparté suppose qu'elle a été investie.

Mais il n'est pas même vrai que Serrurier ait investi la citadelle de *Ceva*, le 28 Germinal ; une anecdote assez curieuse détruit absolument cette assertion. Elle mérite d'être consignée ici.

L'armée Françoise n'étoit point encore à la vue de *Ceva*, lorsque le Général Rusca envoya sommer le Commandant de la citadelle, de la part du Commandant en Chef de l'armée Françoise, d'avoir à la rendre sur-le-champ, menaçant de passer la garnison au fil de l'épée, si elle s'obstinoit à se défendre, et si elle étoit ensuite obligée de céder à la force. Ce Commandant étoit un vieux militaire, qui avoit appris son métier sous les ordres du fameux Roi Charles Emmanuel III. ; voici quelle fut sa réponse.

" La citadelle que votre Général en Chef me fait
" sommer avec tant de sévérité de lui rendre ; et
" cela avant même que j'aie eu le plaisir de voir

" l'armée à qui je dois la céder, m'a été confiée par
" le Souverain que j'ai l'honneur de servir. Je lui
" ai juré de la défendre jusqu'à la dernière extré-
" mité. Irois-je souiller ma vieillesse par le dés-
" honneur de me rendre honteusement, sans avoir
" tiré un seul coup de canon ? Je la défendrai, tant
" que j'en aurai les moyens ; et je donne ma parole
" d'honneur de la faire sauter en l'air, dès que je
" m'appercevrai qu'il n'y aura plus moyen de la
" défendre. Voilà la seule réponse que me dicte
" mon honneur : je n'en ferai pas d'autre."

J'ai eu connoissance de cette vigoureuse réponse par Beaulieu lui-même, à qui le vieux Commandant l'envoya sur-le-champ. Que fit Buonaparté ? Il laissa *Ceva*, sans y rien tenter, et se porta prudemment sur *Mondovi*, où l'attendoit l'armée Sarde, qui, trop peu nombreuse, avoit dû se replier promptement sur le Piémont.

Nous disons que l'armée Sarde étoit trop peu nombreuse ; car quoique nous l'ayons portée à trente mille hommes, Colli en avoit à peine la moitié à *Mondovi*. L'autre moitié étoit sous les ordres du Duc d'Aost, aujourd'hui Roi de Sardaigne, qui gardoit les passages de *Mocenigo* et de la Savoye. Colli n'avoit d'autres renforts à attendre que ceux que lui promettoit le Général Beaulieu, qui l'avoit envoyé avertir que, s'il pouvoit seulement tenir trois jours à *Mondovi*, il iroit à son secours. La position de Colli étoit donc fort désavantageuse, puisqu'il avoit à combattre l'armée toute entière de Buonaparté, devenue très-considérable par sa jonction récente avec la division du Général Serrurier.

Il ne faut donc pas s'étonner si Colli s'éloigna promptement de *Mondovi*, après un combat que Buonaparté décore du nom de *bataille*, comme il décore l'avantage qu'il y a remporté du nom de *victoire*. Il faut encore moins s'étonner que *Cherasco* soit tombée au pouvoir des François; ils n'ont eu aucun effort à faire pour s'en emparer.

Et cependant Buonaparté, dans son rapport au Directoire auquel il rend compte de la bataille de *Mondovi*, assure s'être battu avec la plus haute valeur, *les ennemis étant vingt contre un;* et pour augmenter encore sa gloire, il ajoute que le Général Colli, après s'être battu deux jours avec la plus grande obstination, a effectué la seconde nuit sa retraite entre *Coni* et *Cherasco*.

Cette dernière ville, située au confluent des rivières de *Stura* et *Tanaro*, est entourée de forts bastions, et protégée par des fortifications bien entendues, mais elle n'avoit pas un Commandant qu'on pût comparer à ceux de *Cosseria,* ou de *Dego,* moins encore à celui de *Ceva.* Le Commmandant de *Cherasco* étoit un lâche, tel que le Comte *Pinto,* qui, au commencement de la guerre, livra la ville de *Nice* aux sans-culottes de Provence; ou tel que ce Chevalier *la Tour,* qui livra aux François le fort de *Taorgio,* et qui, quelques mois après, pour prix de sa bassesse, fut fusillé à *Turin,* par sentence d'un conseil de guerre.

*Cherasco* fut livrée par une trahison toute pareille ; et si l'on refuse de m'en croire, parce que j'en étois éloigné, qu'on en croie du moins Buonaparté, qui, en parlant de la bataille de *Mondovi,* s'exprime ainsi :

" J'envoyai le Général Dujard, et mon Aide de
" camp (Marmont), chef de bataillon, et officier de
" la plus grande distinction, pour reconnoître la
" place, et placer les batteries, afin d'en couper les
" palissades; l'ennemi\* tira quelques coups de ca-

\* Deux officiers Autrichiens qui se trouvoient alors à *Cherasco,* à la tête de quelques compagnies auxiliaires, et qui ensuite allèrent rejoindre Beaulieu, déposèrent que ces coups de canon ne furent point tirés contre les François, mais uniquement pour les avertir que la garnison alloit évacuer la place.

I

" non, et il évacua la ville en repassant le *Stura*.
" Nous avons trouvé vingt-huit pièces de canon, et
" des magasins très-considérables. Cette conquête
" est pour nous de la plus grande conséquence."

Ce fut la reddition de cette place, dont le Commandant étoit un Suisse, qui décida la Cour de *Turin* à ordonner au Comte de *Colli*, d'entrer tout de suite en négociation de paix avec Buonaparté. L'ordre fut exécuté, aussitôt qu'il fut reçu; mais sur la représentation faite par Buonaparté, que son Gouvernement ne l'avoit point autorisé à traiter de la paix, on convint seulement d'un armistice, aux conditions suivantes.

1. Que les places de *Coni*, de *Tortone*, et de *Ceva*, seroient mises comme en dépôt entre les mains de l'armée Françoise.

2. Que le Roi de Sardaigne licencieroit sur-le-champ les troupes auxiliaires de l'Empereur.

3. Que le Roi intimeroit au Commandant en Chef de l'armée Autrichienne l'ordre de sortir de ses Etats en totalité; et que, si Beaulieu, sous huit jours, n'avoit pas voulu se retirer, le Roi uniroit contre lui ses propres forces à celles de Buonaparté pour l'y contraindre.

Buonaparté ne parle point de ces deux derniers

articles; mais nous verrons qu'il a eu pour cela de fort bonnes raisons.

Pendant que tout ceci se passoit entre Buonaparté et le Général Colli, Beaulieu suivoit sa marche d'*Acqui* vers *Mondovi*. Il avoit pris le chemin de *Nizza de la Paille*, à la tête de quinze mille hommes. Il étoit encore à une journée de chemin de *Mondovi*, lorsqu'il fut rencontré par un exprès que lui avoit expédié secrètement le Marquis Ghirardini, Ministre Imperial près la Cour de *Turin*. Par cet exprès il l'informoit de ce qui se traitoit entre le Roi de Sardaigne et Buonaparté. Aussitôt Beaulieu suspend sa marche, et s'occupe des mesures à prendre, dans une crise aussi délicate.

Le changement inopiné du Roi de Sardaigne portoit le coup le plus fatal à l'armée Autrichienne. Quel moyen de le parer? Beaulieu se détermine pour une opération prompte et hardie : c'étoit de s'emparer sur-le-champ des trois citadelles d'*Alexandrie*, de *Tortone*, et de *Valenza*. Ces trois places, voisines l'une de l'autre, forment une espèce de triangle. Beaulieu s'en rendant maître, tenoit l'armée Françoise éloignée du Po ; et, de là, pouvoit attendre que l'Empereur lui envoyât des renforts, pour reprendre l'offensive dans le midi. Malheureusement, ce coup manqua ; et Beaulieu se trouva dans un cruel embarras, dont il ne se seroit pas tiré sans une tête forte et sage.

Deux régimens de houssards devoient prendre *Alexandrie* par un coup de main ; ils s'y portèrent en toute diligence. Même expédition devoit se faire à *Valenza*, par un régiment de dragons du Roi de Naples.

Quant à *Tortone*, la commission fut donnée au Général Pittoni, qui campoit avec sa brigade dans le voisinage de cette ville. La chose ne pouvoit être mieux combinée ; mais comment se mettre à l'abri de la perfidie ? Les deux régimens de houssards arrivent au temps prescrit ; mais ils trouvent les ponts-levis haussés par ordre du Marquis de *Solari*, Commandant de la citadelle d'*Alexandrie*, qui avoit été averti, une heure auparavant, de ce qui se tramoit. On avoit pris la même précaution à *Tortone*, lorsque le Général Pittoni se disposoit à exécuter l'ordre qu'il avoit reçu. Il n'y eut que *Valenza* qui fut prise par le régiment de cavalerie Napolitaine. Mais cette place, étant seule, ne pouvoit être d'aucune utilité, et elle fut évacuée trois ou quatre jours après. Il est probable que l'infidélité, ou plutôt la trahison, vint de quelqu'un des employés du Quartier Général de Beaulieu.

Buonaparté n'a pas manqué d'appeler cet acte de prudence de Beaulieu, un acte de perfidie envers l'allié de son Souverain ; il n'a pas manqué non plus de combler de louanges les deux Commandans d'*Alexandrie* et de *Tortone*, comme ayant, par leur loyauté, conservé ces deux citadelles au Roi de Sardaigne. Mais il n'en est pas moins certain que Beaulieu, une fois maître des trois citadelles, eût rendu un service bien plus réel au Roi de Sardaigne, même en le désobligeant en apparence, que ces deux Commandans, qui, par leur fidélité apparente à leur Souverain, ont bien plus travaillé pour l'intérêt des François, que pour la gloire de leur pays. Beaulieu, en travaillant pour l'intérêt direct de l'armée Autrichienne, travailloit aussi pour l'armée Sarde, et même pour le Roi de Sardaigne, et pour toute l'Italie, qui, dans ce cas, n'eût pas été si facilement envahie par les François.

L'armistice signé entre le Comte de *Colli* et Buonaparté fut signifié à Beaulieu, avec l'ordre le plus sévère de se retirer au-delà du Po, lui et toute son armée, avant que le terme de huit jours fût expiré : Beaulieu fut obligé de s'y conformer. Dans cet intervalle, il ne se passa rien qui puisse intéresser la curiosité du lecteur. Passons donc à l'article suivant.

### PASSAGE DU PO, ET COMBAT DE FOMBIO.

Buonaparté se vante d'avoir trompé Beaulieu, en se portant sur la ville de *Plaisance*, pour passer le Po de ce côté, tandis que Beaulieu attendoit l'armée Françoise entre les fortifications de *Tesino*, et les redoutes de *Pavie*. Je ne me rappelle pas avoir vu des redoutes à *Pavie* ; mais admettons qu'elles y sont, puisque Buonaparté veut qu'il y en eût, et voyons les faits.

Beaulieu avoit fait sa retraite par *Valenza* et *Pavie* ; non qu'il n'eût prévu l'intention de Buonaparté, quoiqu'en dise celui-ci, mais parce qu'il avoit à *Pavie*, et à *Milan*, d'immenses magasins, et qu'il vouloit couvrir le transport de tous les effets qui appartenoient à son armée et à ses hôpitaux. Buonaparté voudroit-il donner à entendre que l'imprévoyance de Beaulieu avoit été jusqu'à avoir laissé sans défense le passage du Po ? Mais il dit lui-même le contraire. Voici ses propres paroles :

" Beaulieu ordonna à un corps de six mille
" hommmes d'inf nterie, et de deux mille hommes
" de cavalerie, de venir à notre rencontre, et de s'op-
" poser à notre débarquement, ou de nous attaquer,
" avant que nous eussions eu le temps de nous
" former."

N'est-ce pas là convenir formellement que Beaulieu l'avoit deviné, et avoit pris des mesures pour s'opposer à son passage ? N'est-ce pas là une contradiction bien formelle, de la part de Buonaparté ? Mais ce sont là de ces petites contradictions dans lesquelles notre héros tombe sans cesse ; et nous les lui passons facilement, parce que nous avons à lui reprocher des choses plus importantes, telles que des faussetés palpables. En voici une, relative à ce même passage du Po.

Buonaparté dit que Beaulieu a envoyé à sa rencontre huit mille hommes ; et je suis en état de prouver qu'il n'en a pas envoyé la moitié.

Beaulieu ayant manqué son coup sur les trois forteresses dont nous avons parlé, comprit qu'il ne pouvoit plus défendre le passage du Po, faute de forces suffisantes ; il avoit au plus vingt-quatre mille hommes. Que fait-il ? Il envoye, sur-le-champ, ordre à *Pavie* et à *Milan*, de faire passer, sans délai, par le Mantouan, vers le Tyrol, tout ce qui appartenoit à l'armée Autrichienne. Il lui suffisoit que le passage du Po fût défendu quelques momens, jusqu'à ce qu'il eût pu se porter lui-même, avec ses petites forces, sur le chemin de *Lodi*, au-delà de l'Adda; et cette manœuvre lui réussit complétement pour couvrir sa retraite. Il avoit détaché le régiment de cavalerie Napolitaine, nommé la Reine, trois cents pontonniers, et un bataillon de carabiniers, pour aller, par le chemin de *Codogno*, s'opposer au débarquement des François. Ces troupes remplirent leur mission; et ce ne fut qu'après plusieurs heures d'une forte résistance, qu'elles furent contraintes de se retirer au-delà de *Codogno*.

Buonaparté dit que, " pendant la nuit, un autre
" corps de cinq mille Autrichiens, qui étoit à *Casal*,
" en partit, le soir à quatre heures, pour venir
" secourir le corps qui étoit à *Fombio*; qu'il arriva
" deux heures après minuit, à *Codogno*, Quartier
" Général du Général la Harpe; et qu'il envoya des
" tirailleurs qui culbutèrent les vedettes Françoises.
" Le Général la Harpe monte à cheval pour s'assu-
" rer de ce que ce pouvoit être; il fit avancer une
" demie brigade; l'ennemi fut culbuté, et disparut:
" mais par un malheur irréparable pour l'armée de

" Général la Harpe fut frappé d'un boulet, et
" tomba mort.... Le Général Berthier se rendit
" tout de suite à *Codogno;* il poursuivit l'ennemi,
" lui prit *Casal,* et une grande quantité de bagage."

Il faut avouer que Buonaparté est un homme étonnant dans ses narrations. Quand il n'a pas de grandes choses à raconter, il en imagine, il les écrit, il les publie; et on le croit aveuglément, et on en fait sans difficulté un homme extraordinaire.

Ainsi, dans cette circonstance du passage du Po, il veut faire croire qu'il a eu à combattre treize mille hommes, et que, malgré eux, il a passé le Po à *Plaisance,* et s'est porté à *Lodi,* quoiqu'il n'eût qu'un corps de six mille cinq cents hommes : et le fait est qu'au lieu d'avoir en tête un corps de treize mille hommes, il n'en avoit pas quatre mille. Il parle d'un corps de cinq mille Autrichiens venus de *Casal;* et ce corps n'a jamais existé que dans le rapport du Général Buonaparté. Beaulieu n'avoit envoyé en tout qu'un régiment de cavalerie Napolitaine, qu'on peut tout au plus porter à deux mille quatre cents hommes : il y avoit joint un bataillon de carabiniers, et trois cents pontoniers. Ce fut ce détachement unique, qui surprit le Général la Harpe à *Codogno,* qui le battit, lui tua beaucoup de

K

monde, et l'ayant tué lui-même, fit encore environ deux mille prisonniers, dont l'arrivée jeta l'alarme dans *Lodi*, comme je vais le raconter.

J'étois parti, du Château *St. Angelo*, et j'allois de *Pavie* à *Lodi*, le 5 ou le 6 de Mai au matin. Il ne me restoit pas plus de deux milles à faire pour arriver à *Lodi*, lorsque je vois venir de mon côté une grande quantité de personnes de tout sexe et de tout âge, qui avoient la consternation peinte sur le front. Dès qu'ils m'aperçoivent, ils se mettent à crier : " En arrière, en arrière ; vous ne pouvez pas " aller à *Lodi*, déjà les François y sont arrivés." Je ne voulois pas les croire ; mais voyant grossir à chaque pas le nombre des fugitifs, je ne doutai plus de la vérité de leur récit, et je rétrogradai presque jusqu'au Château *St. Angelo*. J'étois suivi d'un nombre considérable de conducteurs de chariots et de bagages, qui avoient tout abandonné, et qui avoient détaché au plus vîte les chevaux de tous les chariots, pour aller se cacher dans quelque forêt éloignée.

Or, voici ce qui avoit occasionné ce désordre.

Vers huit heures du matin, les prisonniers faits à *Codogno* étant arrivés à la vue de *Lodi*, des gens du peuple se mirent à crier très-haut : " Voilà les

« François." Cette voix retentit par toute la cité et y répand un effroi général dans toutes les classes des habitans ; on ne se donne pas le temps d'éclaircir la vérité ; on ne pense qu'à fuir, et tous fuyent. La ville fût devenue déserte, si Beaulieu n'eût envoyé un houssard en toute hâte pour avertir les fugitifs de leur erreur, et leur donner avis qu'il étoit déjà retranché avec son arrière-garde au-delà du pont de l'*Adda*, tandis que son armée continuoit sa marche vers le Tyrol.

J'ai rapporté cette anecdote, uniquement pour prouver combien Buonaparté s'étoit écarté de la vérité en parlant de l'affaire de *Codogno*. Maintenant, si le lecteur désire savoir pourquoi les habitans de *Lodi* furent si effrayés au premier bruit de l'arrivée des François, qu'ils se mirent presque tous à fuir, il ne nous sera pas difficile d'expliquer et cet effroi et cette fuite. C'étoit l'effet tout naturel de la conduite qu'a tenue constamment l'armée Françoise pendant la campagne d'Italie ; conduite sur laquelle il est bon de s'arrêter, et qui mérite bien un chapitre à part, quand nous aurons parlé de la bataille de *Lodi*.

## BATAILLE DE LODI.

Jusqu'à présent, Buonaparté n'avoit point vu Beaulieu ; et quoiqu'il se fût vanté, non-seulement de l'avoir vu, mais de l'avoir battu deux fois; quoiqu'il l'eût publié avec une hardiesse qui mériteroit un autre nom ; c'est pourtant à *Lodi* que, pour la première fois, ces deux Généraux ont pu se mesurer ensemble. Le Général novice a dû s'apercevoir en ce jour qu'il avoit affaire à un Général qui avoit quelqu'expérience. Aussi, dès le début de son rapport officiel, convient-il du grand danger qu'il a couru. Voici ses propres expressions:

" Je pensois que le passage du Po seroit l'opération la plus audacieuse de la campagne, tout comme la bataille de *Millesimo*, l'action la plus vive, mais j'ai à vous rendre compte de la bataille de *Lodi*."

Effectivement il en rend compte ; mais toujours à sa manière, c'est-à-dire, avec exagération, jactance, et mensonge. C'est là son habitude, et, pour ainsi dire, son caractère indélébile ; et sa haine pour la vérité égale au moins son ambition.

Ecoutons-le parler de cette journée vraiment fameuse.

" Mon avant-garde culbuta tous les postes des
" ennemis, et s'empara d'une pièce de canon. Nous
" entrâmes dans *Lodi*, poursuivant les ennemis qui
" déjà avoient passé l'Adda sur le pont. Beaulieu,
" *avec toute son armée*, étoit rangé en bataille !
" trente pièces de canon défendoient le passage du
" pont: je fis placer toute mon artillerie en batte-
" rie: la canonnade fut très-vive durant plusieurs
" heures. Dès l'instant que l'armée fut arrivée,
" elle se forma en colonne serrée, le second batail-
" lon des carabiniers en tête, et suivi par tous les
" grenadiers au pas de charge, et aux cris de: 'Vive
" la République.' L'on se présenta sur le pont,
" et l'ennemi fit un feu terrible: la tête de la co-
" lonne paroissoit même hésiter. Un moment
" d'hésitation eût tout perdu. Les Généraux
" Berthier, Massena, Cervoni, d'Allemage, le
" Chef de brigade Lasnes, et le Chef de bataillon
" Dupat, le sentirent, se précipitèrent à la tête, et
" décidèrent le sort encore en balance.

" Cette redoutable colonne renversa tout ce qui
" se présenta à elle; toute l'artillerie fut sur-le-
" champ enlevée ; l'ordre de bataille de Beaulieu

" fut rompu ; elle sema de tous côtés l'épouvante,
" la fuite et la mort. Dans un clin d'œil, l'armée
" ennemie fut éparpillée," &c. &c.

Voila bien le stile de Buonaparté. De son côté, victoire rapide et éclatante ; du côté de l'ennemi, défaite prompte et complette. Il a *culbuté, poursuivi* les ennemis : sa redoutable colonne renverse tout ; elle prend toute l'artillerie Autrichienne ; elle sème l'épouvante, la fuite et la mort : *en un clin d'œil* toute l'armée ennemie est éparpillée \*.

Nous avouerons facilement que Buonaparté a été vainqueur à *Lodi* ; que le passage de l'Adda, vigoureusement, défendu par de nombreuses batteries, et par de braves bataillons, commandés par

---

\* Je ne sais quelle impression font sur les autres ces Bulletins si boursoufflés, si gigantesques, si arrogans : ils m'inspirent la plus grande défiance, et même du mépris pour celui qui les écrit. Je parierois qu'un homme qui parle ainsi, a une âme dure et petite. Ce n'étoit pas ainsi que s'exprimoient Suwarow et Nelson, ces deux héros, que la postérité admirera. Accoutumés à la victoire, ils parlent d'eux-mêmes avec une modestie sublime : ils rapportent toute leur gloire aux autres ; et, surtout, ils rendent l'hommage le plus solennel à cette divine Providence, qui, après tout, règle, par sa toute-puissance, le sort des combats, et distribue à son gré les succès et les revers.

un Général de nom, a été emporté; que cette entreprise glorieuse et difficile présentoit des dangers vraiment effrayans; mais cet aveu ne nous empêchera pas de relever beaucoup de choses inexactes et même fausses, que Buonaparté a insérées dans son rapport officiel.

1. Il dit que Beaulieu, *avec toute son armée*, étoit rangé en bataille, et cela est faux. Beaulieu avoit en tout dix mille hommes à opposer à l'armée entière de Buonaparté. La position de Beaulieu étoit devenue très-critique, depuis qu'il avoit été abandonné par le Roi de Sardaigne; et plus encore, depuis que sa tentative pour s'emparer de plusieurs places de sûreté avoit échoué; et plus encore, depuis qu'il étoit obligé de regarder le territoire du Roi de Sardaigne comme un territoire ennemi.

Que pouvoit faire en pareil cas le Général le plus habile avec une poignée de monde? car il avoit tout au plus vingt-quatre mille hommes. Il ne pouvoit certainement pas prendre l'offensive contre l'armée très-nombreuse des François. Il ne pouvoit même, sans de nouveaux renforts, garder long-temps la défensive. Alors, il prit le parti très-sage de se retirer dans le Tyrol, pour y attendre et des ordres et des secours..

Il n'eût pas même pensé à défendre le passage de l'Adda, s'il n'eût eu un intérêt pressant à retarder la marche des François, pour soustraire à leurs mains toutes les subsistances, provisions, et munitions, qui appartenoient à l'Empereur; car il y avoit une immense différence entre la manière de subsister de l'armée Françoise et celle de l'armée Autrichienne. Les François, qui s'annonçoient comme libérateurs de l'Italie, subsistoient aux dépens des Italiens; ils se faisoient fournir abondamment, non-seulement les vivres et les habillemens, mais encore tout ce qui leur plaisoit; au lieu que l'Empereur craignant que son armée ne fût un fardeau pour les peuples, la faisoit toujours suivre d'une immensité de provisions et de riches magasins. Beaulieu ne vouloit, ni ne devoit les sacrifier; il eut la gloire de sauver le tout au profit de son souverain, et au regret de Buonaparté : mais il ne put les sauver qu'en les faisant escorter par une partie considérable de son armée.

Une autre partie de son armée fut détachée pour aller renforcer la garnison de *Mantoue*; et elle y parvint heureusement. Beaulieu avoit donc pourvu à tous les devoirs d'un bon Général ; mais par cela même il avoit fort affoibli son armée, n'ayant plus avec lui qu'un corps de dix mille hommes. Malgré cette réduction, il a encore fait à *Lodi* une résistance mémorable contre une armée formidable, et infiniment supérieure en nombre.

2. Buonaparté convient que le feu des ennemis fut terrible ; mais, selon lui, il n'eut d'autre effet que de faire *hésiter* la colonne Françoise, ou plutôt, de faire qu'elle *parut hésiter*. Il ne s'est point du tout servi là du mot propre ; car la colonne, non-seulement hésita, mais elle fut effrayée, et tellement effrayée et découragée, qu'elle se replia sur elle-même, et refusa d'avancer : le fait est connu et incontestable ; et Buonaparté lui-même en fut si consterné, qu'il usa d'un stratagême assez hardi pour ranimer le courage de ses soldats. Il fit arborer au milieu du pont, un drapeau républicain, et montrant à ses soldats cet étendard de la liberté, qu'on ne pouvoit laisser sans honte entre les mains des Autrichiens, il ranima l'ardeur presque éteinte, et étouffa le sentiment de la crainte par celui de l'honneur national.

On n'est point d'accord sur celui qui alla planter ce drapeau au milieu du pont. Buonaparté s'est vanté de cet acte de courage ; Augereau l'a revendiqué. Quel qu'en soit l'auteur, il n'est pas douteux qu'un pareil acte de bravoure ne soit fait pour être cité, et même consigné dans l'histoire. Il est pourtant une circonstance qui diminue un peu l'héroïsme de ce trait ; c'est qu'aussitôt que le porteur du drapeau eut fait un pas, Beaulieu fit taire le feu de toutes ses batteries ; il crut que c'étoit un officier parlementaire qui s'avançoit, il ordonna à un des siens d'aller à sa rencontre, et le feu ne recommença que lorsque l'officier François eut rejoint son armée.

Une chose fort extraordinaire, c'est que Buonaparté, dans son rapport officiel, ne parle point de ce fait du drapeau ; son historien n'en parle pas non plus dans l'éternel panégyrique qu'il fait de Buonaparté. Or, on sait que l'un et l'autre, en fait de louanges, disent ce qui n'est pas, plutôt que de taire ce qui est. Mais ne peut-on pas répondre à cette objection, toute forte qu'elle est, que Buonaparté a été modeste une fois dans sa vie ; et que, dans cette circonstance, il ne lui en coûtoit pas beaucoup pour l'être, puisqu'il s'agissoit d'une action dont son silence ne pouvoit diminuer la publicité, ayant été vue des deux armées, au milieu desquelles elle s'est passée ? Ne pourroit-on pas encore dire, que Buonaparté n'a point voulu parler de ce fait, parce qu'il auroit fallu dire que ses soldats étoient intimidés ; et c'est ce qu'il ne vouloit pas dire, lui qui répétoit sans cesse qu'il commandoit des hommes intrépides, inaccessibles à la peur ; et il avoit intérêt de le faire croire, parce que cette opinion répandoit l'épouvante parmi les peuples à qui il faisoit la guerre ; et aussi parce que ses soldats qu'il vantoit comme autant de héros, le lui rendoient bien, en le vantant lui-même comme un homme unique, incomparable, dont n'approchoit aucun des Héros de l'Antiquité.

3. Buonaparté assure que sa terrible colonne renversa tout ce qui s'opposa à elle ; qu'elle prit toute l'artillerie ennemie ; et qu'en un clin d'œil, toute l'armée Autrichienne fut éparpillée. Voilà un récit bien pompeux ; mais si on le compare avec les faits, il faut en rabattre.

Cette armée Autrichienne, quoiqu'en dise Buonaparté, fit encore bonne, et très-bonne, contenance, même lorsque les François furent maîtres du pont. Beaulieu les attendit de pied ferme ; il s'étoit retranché à la hâte, et si bien retranché que les François ne purent le déloger. Il fit même, le reste du jour, et jusqu'à la nuit bien avancée, un feu très-vif de mousqueterie, et de fréquentes décharges de canons à mitrailles ; et s'il fit sa retraite la nuit suivante, il la fit tranquillement, en ordre et sans être inquiété : ce n'est point là du tout la preuve d'une déroute complette.

4. Buonaparté dit qu'il a perdu *peu de monde,* et que les Autrichiens ont perdu de deux à trois mille hommes, tués, blessés, ou prisonniers ; il est plus que probable que la perte des Autrichiens est enflée, puisque c'est l'invariable usage de Buonaparté d'exagérer la perte des ennemis : mais il est de toute certitude que la perte des François est atténuée d'une manière incroyable. " Nous n'avons," dit Buonaparté, " perdu que peu de monde." Et nous, nous disons qu'il en a perdu beaucoup, qu'il en a perdu immensément. Nous n'aurions même besoin, pour le prouver, que du rapport officiel fait au Directoire. Il y est dit : " que la bataille de " *Lodi* a été plus audacieuse que celle du passage " du Po ; qu'elle a été plus vive que la bataille de *Millesimo.*" Il y est dit : " que, quoique, depuis " le commencement de la campagne, les François " aient eu des affaires très-chaudes, aucune, cepen- " dant, n'approche du terrible passage du Pont de " *Lodi.*"

Qu'on nous dise un peu pourquoi ce passage a été si *audacieux,* pourquoi cette affaire a été plus *vive,* et plus *chaude* que toutes les autres, si ce n'est parce que l'action a été et plus dangereuse et plus meurtrière. Or, elle n'a pas été plus dangereuse et meurtrière pour les Autrichiens, puisque c'étoient eux qui défendoient le pont, et que, dans ces sortes de combats, c'est celui qui attaque, qui est exposé à tout le feu, tandis que celui qui défend a un très-grand avantage. C'est donc pour les François qu'ont été les plus grands dangers ; ils ont eu, de l'aveu de Buonaparté, à essuyer le feu de trente canons qui enfiloient le pont de *Lodi*, et qui le balayoient, lorsque les aggresseurs avançoient ; ils l'ont essuyé très-long-temps, puisqu'encore, de son aveu, *la canonnade a duré plusieurs heures.*

Mais, indépendamment de l'aveu indirect de Buonaparté, nous avons plusieurs faits, qui prouvent jusqu'à l'évidence l'étendue de la perte qu'a fait ce Général pour emporter le pont de *Lodi*.

Premier fait. La frayeur des François, qui, après avoir vu périr une multitude des leurs, ne vouloient plus avancer : c'étoient pourtant des hommes aguerris, qui vivoient au milieu des combats, et qui étoient familiarisés avec la vue des dangers. Mais un feu continuel, feu toujours actif, toujours destructeur, leur avoit imprimé de la terreur, et il n'a pu leur en imprimer, que parce qu'il emportoit sans cesse leurs bataillons, qu'il falloit sans cesse remplacer.

Second fait. La journée de *Lodi* ne s'est pas bornée à l'attaque et à la prise du Pont ; il y a eu une seconde attaque très-chaude, après la prise du Pont ; et cette seconde attaque n'a pas été moins meurtrière que la première, surtout pour les François. qui n'étoient point retranchés, pendant que les Autrichiens avoient l'avantage de l'être. Si l'on en croyoit le rapport des prisonniers François (rapport toutefois bien plus croyable que celui de Buonaparté) cette seconde action a été une vraie boucherie, du côté des François ; et leurs cadavres étoient en si grand nombre que les survivans les amonceloient pour se faire des remparts qui les mettoient un peu à l'abri du feu des retranchemens. Nous parlons de plusieurs prisonniers Francois qui furent transportés à *Brescia*, et qui, interrogés par les habitans, déclarèrent ce que nous venons de rapporter.

Il est très-possible qu'ils aient exagéré ; mais ce qui prouveroit qu'ils ne se sont pas trop éloignés de la vérité, c'est la conduite qu'a tenue Buonaparté envers Beaulieu. Le premier avoit toutes ses forces réunies\* ; le second n'avoit qu'un détachement de dix mille hommes, détachement qui avoit souffert durant un jour entier de combat ; et, cependant, Buonaparté laisse Beaulieu faire sa retraite, tandis qu'il pouvoit, et devoit le poursuivre, s'il eût su profiter d'une victoire aussi brillante que celle qu'il annonce au Directoire, et qui, selon lui, a coûté *bien peu de monde*. L'historien de Buonaparté a beau dire ; " qu'il voulut accorder quelques jours " de repos à ses troupes qu'un mois de courses et " de triomphes avoit extrêmement fatiguées ;" cette ridicule raison ne peut excuser un Général, qui annonce que " Beaulieu étoit en fuite avec les débris " de son armée." Nous verrons bientôt, ce que ces prétendus *débris d'armée* ont pu encore opérer, pendant plus d'un mois, dans le Tyrol, où il étoit si aisé de les empêcher de parvenir.

J'avoue que je ne puis relire, sans une profonde indignation, ces paroles : " Nous n'avons perdu

---

\* On ne peut pas douter que toute l'armée Françoise n'ait pris part à la bataille de *Lodi*, puisque l'on y voit tous les Généraux à la tête de leurs corps respectifs : Berthier, Massena, Cervoni, Augereau, d'Allemagne, Rusca, Bayrand, Lasnes, &c. &c. Et toute cette armée n'avoit en tête que les dix mille hommes de Beaulieu.

" que peu de monde." C'est une fausseté si notoire, et si choquante, qu'elle peut être rangée dans la classe des plus honteux mensonges. C'est donc par une dérision bien méprisable, je dirois presque punissable, que Buonaparté ne parle que de trois officiers subalternes, dont l'un, Aide de Camp de Massena, a reçu plusieurs coups de sabres, et les deux autres, ses propres Aides de Camp, ont eu seulement, ou des chevaux tués sous eux, ou leurs habits criblés de balles ; et il s'exprime ainsi, le misérable, dans le moment même où les flots de l'Adda étoient teints du sang François, et où ses bords étoient couverts des cadavres de ses soldats.

" Nous n'avons perdu que peu de monde !" Est-ce donc que Buonaparté regarderoit comme peu de chose des milliers d'hommes expirans sur un champ de bataille ? Car ce mot *peu* est relatif au caractère des personnes qui commandent des armées ; il y a tels hommes cruels et féroces, chez qui tout sentiment d'humanité est détruit, qui voient sans peine verser le sang comme l'eau ; et malheureusement pour Buonaparté, l'opinion publique le range dans cette classe. Tout le monde l'accuse de regarder les soldats comme des troupeaux destinés à être égorgés, et qui n'ont été créés que pour assouvir la rage sanguinaire des conquérans et des usurpateurs. On lui reproche d'avoir été, dans toutes ses campagnes, prodigue du sang François. Périssent à jamais ceux qui méritent un pareil reproche ! ils appellent sur leurs têtes l'exécration du Genre Humain ; ils provoquent toutes les vengeances humaines et célestes.

### DE LA CONDUITE DE BUONAPARTÉ ENVERS SON ARMÉE, ET DE LA MANIÈRE DONT IL Y MAINTENOIT LA DISCIPLINE.

L'auteur de la Campagne d'Italie assure que Buonaparté, bien loin de relâcher les liens de la discipline pour s'attacher son armée, les resserroit tellement, et par son caractère, et par ses manières, que les habitans de l'Italie en étoient étrangement surpris, et qu'ils durent s'apercevoir que ce n'étoit que de leurs propres défenseurs qu'ils avoient à souffrir les maux que, depuis long-temps, ils croyoient avoir à craindre de la part des François.

Il nous est bien facile de repousser les reproches faits à l'armée Autrichienne, et plus encore de détruire les éloges donnés à l'armée Françoise.

Sans doute, l'armée Autrichienne a causé des

désordres ; elle a commis quelques-uns de ces délits militaires qui pèsent sur les peuples : mais elle n'a commis que ceux qui sont la suite inévitable du séjour d'une armée, composée d'hommes qui diffèrent par la religion, le langage, les mœurs, les coutumes. Quelque sévère que soit la discipline d'une armée, elle ne peut empêcher un grand nombre d'écarts, parmi des soldats, qui ont toutes les passions de la jeunesse, et souvent l'habitude d'une vie licencieuse. Tout ce qu'on peut demander à un Général, c'est de punir les fautes qui lui sont dénoncées ; et lorsque les fautes sont graves, d'en faire une punition exemplaire. Or, c'est ce que faisoient les Généraux Autrichiens, au vu et au su de toute l'Italie.

Il n'en étoit pas ainsi du côté des François ; et nous avons à raconter leurs excès en tout genre, excès terribles, journaliers, presque universels, et desquels les habitans écrasés n'avoient pas même la liberté de se plaindre : les faits sont si multipliés, si variés dans leur espèce, que nous ne savons par où commencer.

Le libertinage est le mal épidémique des armées. Dans celle de Buonaparté, il étoit porté jusqu'à la fureur. Il n'est presque aucune famille honnête qui n'ait eu à pleurer sur son déshonneur. L'âge, l'état, la condition, l'éducation, la noblesse, rien ne garantissoit l'honneur du sèxe de la lubricité du soldat. Les autels, le sanctuaire même, n'en mettoient point à l'abri celles qui s'étoient consacrées à Dieu. Les exemples en ont été fréquens et horribles. On a même vu plusieurs de ces cannibales massacrer avec barbarie celles qu'ils avoient enlevées et déshonorées. Nous racontons des faits récens, dont des milliers de témoins vivent encore ; nous ne craignons pas qu'un seul d'entr'eux puisse nous démentir ni nous reprocher d'aller trop loin.

Au reste, on concevra facilement ces abominations, si l'on pense que cette armée, tant officiers que soldats, étoit composée presque en entier de révolutionnaires François, et de révolutionnaires les plus ardens, c'est-à-dire, d'hommes voués à la plus profonde immoralité ; d'hommes qui avoient secoué non-seulement tout principe religieux, mais même toute idée d'honnêteté et de décence ; d'hommes qu'aucun crime n'effrayoit, et qui ne pouvoient trouver de plaisir que dans l'excès même de la turpitude,

On le concevra encore mieux, si nous disons, que Buonaparté, loin de réprimer le libertinage, l'encourageoit, le provoquoit. Il en faisoit une espèce d'attrait pour attacher ses soldats à ses drapeaux; et pour qu'on ne nous accuse pas de calomnie, nous nous hâtons de dire que, dans plusieurs villes, il a fait porter processionnellement, sur un char de triomphe, quelques courtisanes des plus dissolues, à qui il donnoit le nom de *Déesses de la Nature*, de *Déesses de la Liberté*; et ces Déesses portoient des vêtemens plus scandaleux qu'une absolue nudité; et cela dans un pays où le climat est propre à allumer les passions; et cela dans un pays où les yeux n'étoient point accoutumés à de telles horreurs, et où la religion, bien enracinée, conservoit au moins avec scrupule le voile de la décence, et de l'honnêteté publique.

Au libertinage le plus dégoûtant l'armée de Buonaparté joignoit la plus insatiable rapacité; car quoiqu'en dise l'auteur de l'Histoire de la Campagne d'Italie à la louange de son héros, jamais on n'a vu un assemblage plus odieux de brigands et de dévastateurs.

Il est bien vrai que, si on jugeoit cette armée par les Proclamations du Général, on auroit une haute idée de sa discipline; et nous allons en rapporter une, qui fut donnée, au Quartier Général de *Brescia*. " C'est pour délivrer la plus belle

" contrée de l'Europe du joug de fer de l'orgueil-
" leuse Maison d'Autriche, que l'armée Françoise
" a bravé les obstacles les plus difficiles à surmonter.
" La victoire, d'accord avec la justice, a couronné
" ses efforts. Les débris de l'armée ennemie se
" sont retirés au-delà du Mincio. L'armée Fran-
" çoise passe, pour les poursuivre, sur le territoire
" de la République de Venise; mais elle n'oubliera
" pas qu'une longue amitié unit les deux Répu-
" bliques. La religion, le Gouvernement, les usa-
" ges, les propriétés, seront respectés. Que les
" peuples soient sans inquiétude! La plus sévère
" discipline sera maintenue. Tout ce qui sera
" fourni à l'armée sera exactement payé *en argent.*
" Fidèle dans le chemin de l'honneur, comme dans
" celui de la victoire, le soldat François n'est terrible
" que pour les ennemis de sa liberté."

Telles étoient, à peu près, les Proclamations que Buonaparté faisoit dans tous les pays où il passoit: il annonçoit et le respect pour les propriétés, et le maintien de la discipline, et le payement en argent de tout ce qui seroit fourni à son armée. Voilà ce qu'il promettoit, et voici comment il agissoit.

Son armée ayant souffert de longues et dures privations dans le Pays de Gênes, Buonaparté voulut l'en dédommager. Il la fit donc passer de la détresse à l'état d'abondance; habillement, chevaux, nourriture, devoient lui être fournis par les peuples, ou vaincus ou amis; car il ne mettoit aucune différence entre les uns et les autres. Ses soldats étoient presque nus; il falloit les habiller. On vida une grande quantité de boutiques de draps, de toile, de bas, de souliers, de chapeaux. Les malheureux marchands, voyant ainsi leurs magasins au pillage, crioient, se désoloient, faisoient des représentations; ils n'étoient point écoutés. Pour tout payement on leur donnoit des billets payables à *Paris*, sur la Caisse du Directoire, ou par les Commissaires de l'armée; et ces billets n'étoient jamais payés; et les banquerouttes se multipliant chaque jour, jetoient dans le désespoir une multitude de familles.

La cavalerie Françoise avoit besoin d'être remontée, il falloit en outre des chevaux pour l'artillerie pour tous les caissons, et tout le train militaire; il en falloit pour les équipages des officiers. Tous ces chevaux se prenoient, et de force, non-seulement dans les écuries des gens riches, mais même chez les paysans, qui, faute de chevaux, ne pouvoient plus cultiver leurs terres. On ne prenoit pas seulement les chevaux ; on prenoit les voitures et les carosses des Seigneurs. Et pour qui ? Pour le Général en chef, Buonaparté, pour tous les autres Généraux, et pour les chefs des différens corps, qui se montroient avec une ostentation puérile dans les plus belles voitures des Seigneurs Italiens ; quoique pas un seul, peut-être, d'entr'eux ne fût monté en carosse avant la Révolution. Il est inutile de dire qu'aucune de ces voitures, aucun de ces chevaux, ne fût payé, même au plus malheureux des paysans.

Ce n'est pas tout : il falloit, chaque jour, nourrir, et bien nourrir, l'armée Françoise vraiment affamée. On avoit donc taxé toutes les Communautés à une quantité déterminée de fournitures en pain, en vin, en viande, en riz ; et ces fournitures se distribuoient même aux officiers, à raison de leurs grades respectifs, quoique les aubergistes fussent obligés de leur donner tous les jours une table abondamment et splendidement servie. Et quel dédommagement donnoit-on, soit aux communautés, soit aux aubergistes ? On leur donnoit les mêmes billets qu'aux fournisseurs de l'habillement ; et les uns n'étoient pas plus payés que les autres.

Ce n'est pas à dire que le manque d'argent autorisât cette mauvaise foi: c'étoit la volonté du Général en Chef. Il pouvoit payer, et ne payoit pas. Les contributions pécuniaires qu'il avoit exigées du Duc de *Parme*, montoient à deux millions de livres de France. Celles qu'il avoit exigées du Duc de *Modène*, montoient à sept millions et demie; dont trois devoient être versés sur-le-champ dans la caisse du payeur de l'armée. En outre, le Roi de Sardaigne avoit certainement payé, et chèrement payé, l'armistice qu'il avoit obtenu.

Que devenoit donc tout cet argent? Vous croirez apparemment qu'il étoit employé à payer l'armée de Buonaparté! Point du tout. Interrogez sur ce point tous les habitans de l'Italie, et tous se réuniront pour vous dire que c'étoit encore eux qui payoient les troupes; qu'on leur imposoit, pour cet objet, des contributions énormes; et que ce n'étoit pas le Général en Chef seul qui imposoit des contributions énormes, mais encore les Généraux et les Commissaires de l'armée, qui s'arrogeoient le même droit, et augmentoient le fardeau du peuple par des demandes vexatoires et oppressives

C'est ainsi que Buonaparté a observé la parole donnée de respecter les propriétés: c'est ainsi qu'il a traité ces peuples qu'il venoit, disoit-il, délivrer du joug des Autrichiens, et à qui il offroit la plus cordiale Fraternité !

Il étoit si notoire dans son armée que sa promesse de payer les fournitures en argent étoit dérisoire, que beaucoup de ses officiers, et même de simples soldats, se faisoient gloire d'imiter cet exemple. Combien de ces soldats, qui, après avoir bien bu et bien mangé dans les auberges, renvoyoient les aubergistes, pour le payement, soit à Buonaparté, soit aux Commissaires de l'armée ! Et combien d'officiers, après avoir contracté avec des marchands pour des choses de prix, les adressoient, pour toucher le prix convenu, aux mêmes payeurs. Nous le disons avec assurance, parce que nous en avons été instruits par le propre témoignage de plusieurs de ces malheureux, qui avoient été victimes de cette frauduleuse bassesse.

Encore, si Buonaparté eût empêché les rapines particulières des soldats, commises envers les malheureux habitans des campagnes, et s'il eût châtié sévèrement les délits de ce genre, lui qui devoit tout payer en argent comptant : mais cette espèce de vol demeuroit toujours impunie.

L'historien de la Campagne d'Italie cite avec

N

emphase un exemple de sévérité en ce genre, pour prouver combien étoit exacte la discipline de l'armée Françoise. Un soldat, nommé La Touche, fut condamné à mort pour crime de maraude. Avant d'être fusillé, il écrit à ses camarades : " Vous voyez
" à quel sort je suis réduit : et toi, Commandant du
" détachement, si tu m'eûsse défendu d'aller à la
" maraude, je ne serois pas exposé à la mort que je
" vais subir. Adieu, mes camarades, adieu ! La
" Touche, les larmes aux yeux, ne regrette, en
" quittant la vie, que de ne pas mourir en défendant
" sa patrie, et ne se console que dans l'espoir que sa
" mort servira d'exemple à ses successeurs."

Il semble que cet historien n'ait cité ce fait que pour en tirer cette conclusion emphatique. " Voilà,
" certes, un dévouement héroïque, et une armée où
" des sentimens si nobles, si énergiques, sont com-
" muns, se montre aisément invincible."

Mais en analysant cette lettre, on voit que cet historien prouve précisément le contraire de ce qu'il voudroit prouver. Il cite cette lettre comme preuve d'une belle discipline ; et moi, je m'en sers, avec bien plus de raison, pour prouver que cette discipline n'existoit pas. La Touche se plaint que son Commandant de détachement ne l'a point averti que la maraude étoit un crime puni de mort ; mais si son Commandant ne l'a point averti, c'est qu'il n'en avoit pas l'ordre ; et s'il n'en avoit pas l'ordre, la faute en étoit au Général en Chef : et alors la mort de La Touche a été, non pas une punition, mais un homicide. On a évidemment sacrifié un innocent, ce qui est bien pis encore que de ne pas punir les coupables.

Au reste, il est inutile de s'appesantir sur cette lettre : nous osons dire que personne ne sait mieux que nous quelle étoit la discipline de l'armée Françoise, et nous ajoutons qu'elle étoit détestable. En voici la preuve. Nous avons demeuré deux fois au milieu des troupes Françoises, pendant cette campagne ; une fois à *Vicence,* après l'affaire de *Castiglione delle Striviere,* la seconde fois à *Trevise,* après l'affaire de *Rivoli.* Nous attestons que, durant le temps assez long que nous avons demeuré dans ces deux cités, il ne se passoit pas un seul jour où nous n'entendissions le récit fatiguant des excès que se permettoient les impitoyables soldats de Buonaparté contre les infortunés habitans des campagnes. Nous attestons en avoir vu plusieurs qui vendoient sur les places publiques les effets qu'ils avoient dérobés, et les montroient comme des trophées de leur bravoure.

Nous demandions aux pauvres habitans s'ils avoient eu recours ou à Buonaparté, ou au Commandant de la place; et nous apprenions que ces recours étoient très-fréquens, mais toujours sans effet. Le Commandant de la place, ou un autre, en son nom, demandoit au plaignant: " Connoissez-vous les " soldats qui vous ont volé?" Si l'on répondoit, non: " Hé bien!" ajoutoit-il, " que voulez-vous qu'on " fasse?" Si l'on disoit, oui, et qu'on indiquât le voleur, ou donnoit ordre de l'arrêter, et l'ordre s'exécutoit. Mais qu'arrivoit-il? Quelques jours après, on le faisoit sortir de la ville chargé de chaînes, comme pour donner à entendre qu'il alloit subir le châtiment mérité; et le même voleur rentroit bientôt dans la ville dans la nuit, et on lui permettoit de se réunir à ses camarades, dans l'espérance qu'il ne seroit point reconnu. Notez que ces faits se passoient dans l'Etat de Venise, dans un Gouvernement que les François avoient intérêt de ménager, et dans une République qu'ils disoient être leur amie. Je défie qui que ce soit de me contredire sur ces faits, et même sur des faits plus graves qui se sont passés dans le même pays, et que je raconterai bientôt.

Non; Buonaparté n'avoit point établi de discipline dans son armée, soit qu'il n'eût pas encore assez de consistance pour l'établir, et la faire observer ; soit qu'il jugeât impossible de la maintenir parmi des hommes que la Révolution avoit complétement démoralisés, et qui, enivrés de liberté et d'égalité, étoient toujours prêts à s'élever contre leurs Généraux ; soit, enfin, qu'il voulût s'affectionner ses soldats, en autorisant parmi eux, et la débauche, et les rapines, et tous les excès. Quoiqu'il en soit, il n'y a en Italie, ni ville, ni village, qui ne se rappelle avec effroi le passage ou le séjour des terribles divisions de Massena, d'Augereau, de Bernadotte, et de Lannes. Nous pouvons assurer qu'elles étoient tellement en horreur, qu'il y avoit même des soldats François qui les appeloient des hordes de voleurs et d'assassins. Nous avons vu plusieurs de ces soldats sages et modérés, qui passant dans un lieu avant ces divisions, avoient l'attention d'avertir les habitans de bien fermer leurs portes et leurs boutiques, dès qu'ils les verroient arriver. Ces divisions si mal famées ne faisoient-elles pas partie de l'armée de Buonaparté? et celui qui y souffroit cette indiscipline, ces désordres, et ces violences, pouvoit-il se vanter de faire respecter lés propriétés ?

Il est maintenant bien aisé d'expliquer comment

tous ces Généraux que nous venons de nommer sont sortis si riches d'Italie, après y être entrés pauvres ; comment Buonaparté lui-même y avoit fait une immense fortune. C'est que laissant piller les soldats en petit, lui et les autres Généraux pilloient en grand ; et leur dévorante rapacité s'étendoit sur tout ce qui pouvoit être enlevé, argent monnoyé, argenterie, bijoux, meubles, &c. &c. Ils ne sortoient d'un lieu qu'après l'avoir épuisé ; et s'ils ont séduit le peuple par l'attrait de la liberté, ils la lui ont fait payer bien cher en le réduisant à une épouvantable misère qui pesera sur plusieurs générations.

Si quelqu'un étoit tenté de nous accuser d'exagération, nous repousserions facilement ce reproche, en articulant un seul fait notoire et bien prouvé, qui mérite d'être recueilli.

En 1799, c'est à dire, deux ou trois ans après la spoliation de l'Italie par Buonaparté, parut un ouvrage Italien, imprimé à *Brescia*, intitulé " Les Romains dans la Grèce". Ce livre présentoit un tableau fidèle de toutes les atrocités commises par les Romains contre les Grecs, de toutes les vexations, des spoliations, qu'ils s'étoient permises envers ce pays qui étoit la patrie du goût et des arts. L'auteur ne sembloit accuser que les Romains, qui dans leur conquêtes se sont montrés avides, cruels, et dévastateurs. Mais on reconnut bien vîte que, sous des noms supposés, l'auteur avoit voulu peindre les malheurs de sa patrie, et les crimes des François; tout le monde vit que les Romains en Grèce étoient précisément les François en Italie. La ressemblance étoit si frappante, qu'on ne pouvoit s'y tromper. Flaminius promettant la liberté aux Grecs, et s'annonçant pour être leur libérateur, parut à tous être Buonaparté entrant en Italie, avec des vues qu'il disoit pacifiques et amicales, et faisant son astucieuse proclamation, pour inspirer la confiance. Flaminius est peint comme un homme plein de perfidie, ambitieux, avide, féroce, ayant le génie du crime, &c. Ce rapprochement des caractères fit encore mieux reconnoître Buonaparté. Oui, c'est Buonaparté, disoient ouvertement tous les Italiens de tous les rangs : c'est Buonaparté, répétoient les enfans et les femmes du peuple.

On reconnut dans les compagnons et les satellites de Flaminius, les Généraux François complices des vols, des meurtres, et de tous les crimes de Buonaparté. Voilà, disoit-on, Massena peint au naturel : voilà les traits parfaitement ressemblans d'Augereau, celui-ci est certainement Bernadotte; celui-là Murat, ou Lannes. Ces diverses applications satisfirent la malignité, mais on ne s'en tint pas là ; et lorsque le récit véridique et circonstancié des cruautés, de l'insatiable avidité, du libertinage effréné de l'armée de Buonaparté, rappela aux Italiens le souvenir encore récent des maux de toute espèce qu'ils avoient eu à souffrir de la part des François, les calamités horribles qu'avoit versées sur ce beau pays le prétendu libérateur ; et de tout ce qu'avoient fait d'atroce par la permission du Général, ou par ses ordres, tous ces soldats pires que les Vandales : alors les esprits s'aigrirent, la haine se ralluma, et l'on jura de se venger. Alors, le livre, qui ne paroissoit d'abord qu'une satyre ingénieuse, devint une espèce de Manifeste terrible contre les François, et dès que l'occasion de se venger s'est présentée, les vengeances ont été ce qu'elles devoient être, aussi terribles que les crimes avoient été atroces.

Les premières victoires de Suwarow, dans l'Etat de Venise, vers le mois d'Avril, 1799, offrirent cette occasion désirée. Les opprimés en profitèrent, et se joignant aux Russes vainqueurs, ils firent des François une justice éclatante et sévère.

Mais un peuple outragé dans sa religion, dans ses

lois, dans ses mœurs, par des brigands qui foulent aux pieds toutes les lois divines et humaines, n'exerce que de justes représailles quand il punit ses oppresseurs et ses assassins.

Si les François en Italie avoient respecté le droit des nations, et les propriétés, et la liberté, pourquoi les eût-on accusés d'avoir tenu une conduite semblable à celle des Romains en Grèce? Pourquoi le tableau des crimes des Romains eût-il produit un pareil incendie? Pourquoi une grande vengeance populaire, exercée avec fureur, lorsqu'il n'y a point d'injure à venger? Cela seroit inconcevable et inexpliquable!

Qu'a fait Buonaparté relativement à ce livre? A-t-il nié les faits qui y sont contenus? Non : il les a même solennellement avoués; oui, avoués, puisqu'à son retour d'Egypte, ayant été une autre fois en Italie, il fit, vers le printemps de 1800, une Proclamation datée de *Milan*, et adressée à tous les Italiens, par laquelle il rejetoit tous les maux et tous les excès dont ils se plaignoient, sur le Directoire *qu'il venoit*, disoit-il, *de détruire, et qui avoit tout ordonné*. En même temps il ajoutoit que c'étoit lui seul qui régleroit désormais leurs affaires, qu'il assureroit leur liberté, leur indépendance, et feroit renaître le bonheur parmi eux. Cette justification, bien loin de les détromper, auroit dû accroître leur aversion pour lui ; car, enfin, en accusant le Directoire, qui n'existoit plus, il commettoit un acte d'ingratitude bien noire envers ce Directoire à qui il devoit toute son existence ; et en déclarant que *tout avoit été ordonné par le Directoire*, c'étoit dire, qu'il avoit été l'instrument et l'agent volontaire des fureurs du Directoire, ce qui lui imprimoit une tache indélébile ; puisque celui qui éxécute un crime avec atrocité, est bien plus coupable encore que celui qui l'a ordonné. Croiroit-on, cependant, que cette Proclamation, qui étoit diffamante pour son auteur, calma les esprits exaspérés, et inspira aux Italiens une confiance dont ils ne tardèrent pas à se repentir, comme nous le verrons bientôt.

Une autre preuve que Buonaparté a regardé l'auteur du livre, *Les Romains dans la Grèce*, comme un historien trop véridique de la conduite de l'armée Françoise en Italie, c'est qu'il ne lui a point pardonné de l'avoir désigné sous le nom de Flaminius. Il l'a persécuté tant qu'il a pu. Cet auteur estimable étoit, en 1804, attaché à l'Empereur d'Allemagne par des fonctions littéraires ; mais le colérique Buonaparté ne l'y laissa pas long-temps. Il fit solliciter vivement son expulsion, par le Ministre de France à Vienne (Champagny), et enfin il l'obtint. Afin que l'écrivain ne pût pas douter de quelle main partoit le coup, le Commissaire de Police, qui l'interrogea, lui demanda : " Etes vous l'auteur du livre intitulé : *Les Romains* " *dans la Grèce ?*" Sur sa réponse affirmative, ordre à lui de quitter Vienne sous vingt-quatre heures ; et cet ordre fut éxécuté*.

Nous ne finirons pas ce chapitre sans parler d'un fait vraiment curieux, qu'on peut opposer à la lettre vraie ou fausse du nommé La Touche, dont nous avons parlé ci-dessus. Cette lettre semble avoir été inventée pour prouver qu'il existoit une discipline sévère dans l'armée de Buonaparté : mais le fait très-vrai et très-connu, que nous allons rappor-

---

* Nous ne perdrons pas l'occasion de raconter ici un trait de générosité Angloise. Cet auteur, ainsi chassé, alla trouver le Chargé d'Affaires de la Cour de *Londres* près celle de *Vienne*, M. Charles Stuart. Ce Ministre, instruit de cette injustice criante, remit à l'auteur une bourse d'or en lui disant : " Servez-vous de cet argent " pour aller d'ici à Malthe. Arrivé dans cette île, vous y serez " sous la protection de l'Angleterre ; et bientôt une pension " annuelle assurera votre sort ; car l'intention de mon Souverain " est de protéger et de secourir tous ceux qui emploient leurs " talens au bien général de la cause de l'Europe."

ter, prouve invinciblement que dans cette même armée il ne régnoit aucune discipline.

A *Bassano*, dans l'Etat de Venise, un malheureux soldat fut condamné à être fusillé. Conduit au lieu de l'éxécution, et prêt à mourir, il demanda qu'il lui fût permis de haranguer ses camarades ; et voici ce qu'il leur dit : nous rapportons avec exactitude les mêmes paroles qui nous ont été citées par plusieurs habitans de *Bassano.* " Vous voyez, mes
" camarades, quel terrible châtiment je vais subir.
" Comme je crains que vous ne soyez pas tous
" également instruits du motif qui me fait punir si
" sévèrement, je vais vous en informer en peu de
" mots. C'est parce que j'ai volé la valeur de trois
" cents livres de *Milan,* à la femme de mon auber-
" giste, laquelle est sous la protection immédiate
" d'un Aide de Camp de notre Général en Chef.
" Gardez-vous d'imiter un exemple si scandaleux ;
" vous pourriez éprouver un traitement semblable au
" mien. Je vous propose d'imiter bien plutôt
" l'exemple de nos Généraux : ils volent, depuis
" le premier jusqu'au dernier ; mais leurs vols sont
" bien différens des miens ; jugez-en par l'énorme
" fortune qu'ils ont amassée si rapidement depuis
" leur entrée dans la **Lombardie**."

En finissant cette harangue, il leur jette son bonnet, et s'écrie : " Au diable la République." Aussitôt une décharge de mousqueterie lui coupe la parole, et l'étend mort sur la place\*.

## DE L'ENVAHISSEMENT DES BIENS D'ÉGLISE, DE LA SPOLIATION DES MONTS DE PIÉTÉ.

On a vu que Buonaparté, entrant en Italie, avoit promis au peuple Italien *amitié et fraternité* ; il lui avoit promis de le délivrer de ce qu'il appeloit le *joug des Autrichiens*, et de lui procurer une liberté dont il le supposoit privé. Non-seulement il l'avoit promis, mais il en avoit pris l'engagement solennel, puisqu'une Proclamation d'un Général en Chef est une parole sacrée, à laquelle il ne peut manquer

---

\* La scène se passa au mois d'Octobre, 1796 ; et, en Novembre, nous apprîmes ces détails à *Bassano*, lorsque les François en eurent été chassés par le Comte d'Alvinzi. On peut juger de l'effet qu'a produit une pareille punition. Le croira-t-on? Cet homme est le seul qui ait été puni pour vol, dans toute l'armée de Buonaparté, pendant la campagne d'Italie. Nous le disons avec d'autant plus d'assurance, que nous avons fait toutes les recherches pour éclaircir ce point, et que nous n'avons pas trouvé un autre exemple de pareille exécution : car pour l'exemple cité de La Touche, il nous paroît absolument controuvé.

sans s'avilir lui-même, et sans compromettre la nation au nom de laquelle il parle.

Voyons, maintenant, quel genre de bonheur Buonaparté a versé sur ses nouveaux *frères et amis*. Il a suivi précisément la marche frauduleuse et perfide des premiers révolutionnaires François. Ceux-ci, pour flatter la nation qu'ils disoient devoir enrichir, avoient déclaré tous les biens de l'Eglise *Biens Nationaux*; mais, ensuite, tous ces *Biens Nationaux*, bien loin de tourner à l'avantage général, étoient devenus la propriété particulière de quelques individus qui les achetoient à vil prix. Buonaparté fit déclarer aussi en Italie que les biens de l'Eglise étoient *Biens Nationaux;* et, comme en France, ces biens nationaux furent vendus en partie; mais avec cette différence, qu'en France ces biens furent vendus à des François qui en devinrent plus riches: et qu'en Italie ce ne furent pas les Italiens qui les achetèrent, mais ils passèrent la plupart entre les mains des François. Buonaparté en fit sa propriété, et celle de ses satellites ; et les biens nationaux d'Italie furent presque tous la proie des étrangers.

Les Evêchés, les Chapitres, les Monastères, furent dépouillés; et cette spoliation fut d'autant plus odieuse, qu'en Italie les Eglises, en général, sont très-peu riches, et qu'on ne peut entamer leurs revenus sans toucher aux frais du culte, et à la subsistance des Ministres de la Religion. N'importe; Buonaparté, destructeur par avidité et par irréligion, s'empara de ces biens, et, en sa qualité de Corse, eut du plaisir à dépouiller les Italiens.

Mais Buonaparté ne se borna pas à piller les biens de l'Eglise et des Monastères; il mit encore la main sur les Monts de Piété. Tout le monde sait qu'en Italie ces Monts de Piété ont été créés pour l'avantage des pauvres; et sous ce rapport, ce sont des biens vraiment sacrés: mais, en outre, une foule de particuliers, et grand nombre de Communautés y plaçoient leurs capitaux, et même toute leur fortune. Il n'y avoit nul prétexte pour spolier ces établissemens. Ils tournoient au profit de la nation et des particuliers: aussi avoient-ils toujours été respectés, et parmi tous les genres de propriété, c'étoit une de celles qu'on regardoit comme les plus solides. Mais quelle propriété est sacrée pour Buonaparté! Il spolia donc les Monts de Piété, sans être touché ni par la réclamation des Villes, ni par les plaintes des particuliers, ni par le désespoir d'une multitude de familles qui alloient être réduites à la plus déplorable indigence. Tout fut envahi, et celui qui avoit promis respect aux propriétés, commit un vol public, de l'espèce la plus atroce, la plus attentatoire aux droits des sociétés policées.

Nous devons pourtant convenir que Buonàparté fit une exception en faveur du Mont de Piété d'*Imola*. L'Evêque de cette ville étoit le Cardinal Chiaramonte, aujourd'hui Pape, sous le nom de Pie VII.; il voulut détourner le coup qui menaçoit ses diocésains. Il alla trouver le Général en Chef, qu'il avoit reçu chez lui avec distinction, et le pria de laisser subsister le Mont de Piété d'*Imola*. Buonaparte repoussa sèchement cette demande : le vertueux prélat insista pour l'intérêt de son troupeau ; il le pressa, le conjura de ne pas lui occasionner une douleur aussi profonde : enfin, il alla jusqu'à se jeter à ses pieds, et ne voulut pas se relever qu'il n'eût obtenu cette grâce. La grâce fut accordée : mais écoutez jusqu'au bout. Buonaparté reçut en échange et prit pour lui toute l'argenterie qui étoit dans le Palais Episcopal d'*Imola*, et il y en avoit beaucoup. Il prit les bijoux, les croix, les diamans, qu'avoit le Cardinal dans sa Chapelle Episcopale. Il prit tout ce qui pouvoit être pris ; et au mépris des saintes lois de l'hospitalité, il laissa dans le plus grand dénûment un Palais qu'il avoit trouvé richement pourvu au moment de son arrivée. Nous rapportons très-volontiers ce fait, et parce qu'il prouve une belle âme dans l'Evêque d'*Imola*, qui avoit offert de racheter le pillage de son diocese par celui de ses propriétés ; et parce qu'il prouve une âme atroce dans le Général Républicain, qui ne voulant pas s'en aller sans avoir dépouillé quelqu'un finit par dépouiller totalement et durement un homme vénéré, qui avoit exercé envers lui l'hospitalité la plus noble et la plus généreuse. Si c'est ainsi que Buonaparté fait de bonnes actions, qu'on juge de ce que sont ses crimes.

On s'étonnera, peut-être, comment les Italiens, naturellement vifs et ardens, ont laissé ainsi piller sacrilégement leurs Eglises, eux chez qui est enraciné le respect pour la religion ; comment ils se sont laissés tranquillement enlever leurs biens et leurs propriétés, sans avoir fait aucune résistance. N'étoit-ce pas le cas de combattre avec opiniâtreté pour les deux objets les plus chers à l'homme, *pro aris et focis ?*

Cela effectivement peut paroître fort étonnant ; mais la surprise cessera, quand on saura que Buonaparté, pour prévenir toute résistance, avoit pris les précautions les plus tyranniques et les plus perfides.

Le restaurateur prétendu de la liberté de l'Italie, commença par désarmer tous les habitans : l'ordre en fut donné, et cet ordre fut général et rigoureux ; tellement rigoureux que la peine de mort fut prononcée contre tout homme qui garderoit ses armes. Cet ordre fut donné et littéralement exécuté ; et plusieurs personnes qui avoient voulu ou garder des armes précieuses, ou se ménager un moyen de défense contre les brigands, perdirent impitoyablement la vie. On frémit au récit d'un pareil degré d'oppression ; mais le fait n'en est pas moins réel. " Ceux qu'on dépouille," dit Juvenal, " ont au " moins la ressource des armes :

" ..........Spoliatis arma supersunt."

Mais ici cette ressource, par l'infernale prévoyance de Buonaparté, leur manquoit absolument. Il n'existoit plus en Italie que deux classes d'hommes ; l'une composée des spoliateurs armés qui pouvoient se permettre, sans crainte, toute espèce de violence ; ils avoient à leur tête Buonaparté. L'autre composée des spoliés, qui étoient entièrement désarmés, et qui ne pouvoient opposer au plus féroce brigandage qu'un désespoir impuissant.

Et c'est par de pareils échelons, que ce Corse lâche et cruel est parvenu au faîte des grandeurs.

# RÉCIT HISTORIQUE
## DE
# LA CAMPAGNE DE BUONAPARTÉ
## EN ITALIE.

*Dans les Années 1796 et 1797.*

### SECONDE PARTIE.

LE dernier événement militaire dont nous avons parlé dans la première partie, est la bataille de *Lodi.* Nous avons cru devoir nous y arrêter, parce que c'est un des événemens les plus marquans de cette campagne, et parce qu'il fut suivi de la retraite de Beaulieu. Cette retraite donna du répit aux troupes de Buonaparté, qui assure, avec sa modestie ordinaire, qu'elles " avoient besoin de se reposer de " leurs courses rapides, et de leurs continuelles " victoires." Elles se reposèrent quelque temps ; mais leur repos fut fatal à l'Italie. Ce malheureux pays éprouva de la part des François tout ce qu'on peut éprouver de la part d'une armée indisciplinée, accoutumée à tous les genres d'excès, et, de plus, enorgueillie par des succès. Les Italiens furent traités par leurs *amis et frères,* comme un peuple conquis et esclave. On le croira facilement si on se rappelle que les soldats ne connoissoient aucun frein ; que les Généraux étoient, et par leurs habitudes, et par leurs sentimens, et par leur éducation, absolument étrangers à la modération et à l'honneur; et que le Général en Chef vouloit acheter l'amitié du soldat en lui permettant tout, et en fermant les yeux sur les atrocités les plus révoltantes. Nous en avons parlé assez au long dans les deux derniers chapitres de la première partie. Les Etrangers qui nous liront, croiront que nous en avons trop dit; mais les Italiens, témoins et victimes de tous ces forfaits, nous accuseront de n'en avoir pas dit assez.

Cet état de choses étoit trop violent pour ne pas occasionner quelque secousse. La patience a ses bornes; celle des Italiens étoit parvenue à son terme, et l'explosion devint alarmante pour Buonaparté.

Celui-ci avoit fait marcher ses troupes vers la Terre Ferme de Venise, où il espéroit trouver les restes de l'armée de Beaulieu. Déjà il étoit arrivé à *Brescia*, le 4 Juin, à trois heures après-midi; mais une nouvelle inattendue le força de retourner précipitamment dans les Etats de Milan, où s'étoit formée une conjuration qui menaçoit le tyran et ses complices.

### CONSPIRATION DE PAVIE.
*Combat violent dans cette ville dont Buonaparté se rendit maître par une ruse infernale.*

C'est improprement que nous appelons Conspiration de *Pavie* l'événement que nous allons raconter : nous devrions bien plutôt l'appeler Conspiration de *Milan*, ou même de tout le *Milanès*. C'étoit de *Milan* que devoit partir le signal, qui devoit se communiquer dans tous les environs, et jusqu'à *Pavie*. Pour signal on devoit sonner le tocsin à la tour d'une des églises de *Milan*, dont le nom nous a échappé. Aussitôt le tocsin devoit sonner dans tous les villages circonvoisins, et en très-peu de temps l'incendie devenoit général. On est affligé de penser que le coup manqua à *Milan* ; ce ne fut ni la peur, ni le repentir d'aucun des conjurés qui déconcerta ce dessein généreux, mais une circonstance singulière, qui eut lieu peu de momens avant l'exécution. Un prêtre Corse étoit attaché comme chapelain à l'église d'où devoit partir le signal. L'heure approchoit, un des conjurés lui fit part de ce qui alloit se passer. Ce prêtre, ou par attachement pour son compatriote Buonaparté, ou plutôt par l'espérance d'une récompense pécuniaire, monte vite à la Tour où étoit la cloche en question ; il ôte et cache l'échelle de bois par laquelle on y montoit, et coupe toutes les cordes des cloches. L'heure sonne, les conjurés arrivent et veulent sonner le tocsin : ils se retirent tous déconcertés, soupçonnant que le secret étoit découvert ; et ils ne purent plus en douter, lorsqu'ils virent circuler dans les rues de *Milan*, de gros corps de troupes Françoises, qui regardoient les passans d'un air menaçant ; et qui faisoient arrêter les citoyens dont ils croyoient devoir suspecter les sentimens *.

* Des lettres de *Milan*, écrites par des hommes dignes de foi, disent que ce prêtre Corse étoit le prêtre *Fesch*, oncle maternel de Buonaparté, celui-là même, qui a joué un très-grand rôle, depuis, par les grandes dignités auxquelles il est parvenu ; et qui peut-être même est destiné, par son tout-puissant neveu, à la place de Souverain Pontife. C'est une erreur. A cette époque, le prêtre *Fesch* étoit bien en Italie, mais il y étoit en qualité de Garde-magasin de l'armée Françoise. Il avoit quitté la Corse avec scandale, après y avoir prêché solennellement l'impiété, et y avoir déposé au pied de l'arbre de la liberté les signes extérieurs du sacerdoce. Ces faits sont notoires. Au reste, le sort de ces deux prêtres a été bien différent. Celui de *Milan* est entièrement oublié ; mais le prêtre *Fesch* vivra dans l'histoire. On y dira, qu'après avoir été, pendant plus d'un an, Garde-magasin, emploi dont il est sorti beaucoup plus riche que vertueux, il s'est ressouvenu qu'il étoit prêtre ; et qu'il a mis son sacerdoce à profit, en

Le tocsin ne sonna pas à *Milan*, mais il sonna à *Pavie*, à l'heure indiquée ; et, sur-le-champ, l'insurrection contre les François y fut générale. Quoiqu'en dise Buonaparté, dans son Rapport Officiel, le pays ne fut soumis qu'après trois jours de combats acharnés et meurtriers. Encore, comment fut-il soumis ? Fut-ce par la force ? Non. Buonaparté avoit vu, pendant ces trois jours d'insurrection, que la force armée auroit la plus grande peine à réduire un peuple levé en masse contre des oppresseurs cruels qui l'avoient réduit au désespoir en violant ses droits les plus sacrés. Il comprit aussi, que si la résistance se prolongeoit, son armée pourroit être exposée à de plus grands dangers. Que fait-il ? Il vole à *Milan*. A peine arrivé, il va chez l'Archevêque, et le force de monter en voiture avec lui. Il retourne au plus vîte sur la route de *Pavie* ; et partout où il rencontre des paysans armés, il fait arrêter la voiture. L'Archevêque se montre et pérore le peuple. La vue de ce vieillard en cheveux

---

devenant très-promptement Archevêque et Cardinal. Buonaparté ne pouvoit pas moins faire pour son oncle, qui s'est montré si digne du sang qui coule dans ses veines, et qui, dans le rang élevé où il est parvenu, déploie tout juste autant de talens et de connoissances ecclésiastiques, que de vertus.

blancs en impose ; on l'écoute ; il leur promet que leurs droits seront respectés, et qu'ils n'auront plus de sujets de plaintes. Ce que promet l'Archevêque, Buonaparté donne les assurances les plus formelles de le faire observer. Les esprits se calment, et les paysans rentrent paisiblement dans leurs maisons.

Le carosse qui portoit les deux pacificateurs arrive à *Pavie*. Cette ville s'étoit débarassée de la garnison Françoise, et les habitans vainqueurs avoient déployé un courage surprenant. Un officier parlementaire va les trouver dans les bastions de la ville et leur expose, que Buonaparté et l'Archevêque de *Milan* sont à la porte de *Pavie*, et qu'ils viennent offrir un arrangement amical. La réponse est un refus formel de les recevoir. Aussitôt Buonaparté tombe dans une consternation voisine du désespoir : il craignoit qu'en perdant un plus long temps à soumettre *Pavie*, Beaulieu n'en fût averti, et ne vînt au secours des insurgés. Il craignoit aussi, que les Milanois, qui avoient été contenus quelques momens par les terribles précautions du Général d'Epinoy, voyant le succès de l'insurrection de *Pavie*, n'imitassent cet exemple, ce qui auroit rendu très-promptement la révolte générale et sans remède.

L'Archevêque, touché du désespoir de Buonaparté, et, plus probablement, effrayé par ses menaces, l'engagea à envoyer un second parlementaire. Cette démarche eut un plein succès. Ce fut l'Archevêque qui fit les propositions de paix ; elles furent acceptées, et il fut convenu que les François rentreroient dans la ville, à condition que les propositions qui venoient d'être faites, seroient exactement observées.

L'accord n'eût pas été si facile à conclure, si le peuple n'y eût déjà été disposé par les conseils et les insinuations de plusieurs membres du Clergé et de la Noblesse, auxquels s'étoient joints plusieurs des plus notables habitans. Nous allons voir à l'instant, et comment le peuple se repentit de les avoir écoutés, et combien ils se repentirent eux-mêmes d'avoir donné des conseils aussi pacifiques.

Les François rentrent à *Pavie* : le premier ordre qu'ils donnent, est de leur remettre à l'instant toutes les armes à feu et les armes blanches. Les habitans une fois désarmés, second ordre qui livre la ville au pillage pour vingt-quatre heures. Qu'on juge maintenant de ce qu'éprouvèrent les habitans de *Pavie* de la part de soldats à qui tout étoit permis, et qui joignoient à l'appât du butin les fureurs de la vengeance! Qu'on juge quel butin ils firent, quels excès ils commirent, quelles infamies l'histoire aura à raconter! Nous avons revu de nos propres yeux, en 1799, cette ville qui avoit été le théâtre de tant d'horreurs; et nous avons versé des larmes en voyant tant de ruines, et en rencontrant, parmi les mendians, les familles les plus honnêtes, que nous savions avoir été autrefois les plus riches de la ville.

Nous devons à Buonaparté la justice de dire qu'il ne se trouva pas au sac de *Pavie*, quoiqu'il l'eût ordonné; mais, quoiqu'absent, il ne perdit point sa part du butin, et cette part dut être forte, car rien ne fut épargné. Palais des Nobles, boutiques des artisans, magasins des marchands, églises, monastères, tout fut soumis aux recherches rigoureuses des soldats, tout fut abandonné à leur insatiable rapacité. A ce pillage présidoit un homme le plus propre à des commissions de ce genre, un certain Général Rusca, qui étoit, d'abord, un médecin ignorant, et qui, ensuite, s'étoit fait militaire, par le désir et le besoin de piller.

Cette exécution ne se borna pas à la ville de *Pavie*; elle s'étendit sur tout le voisinage, sur les bourgs et villages de la province, sur ces lieux mêmes où l'Archevêque avoit réussi à ramener les paysans et à les calmer. Buonaparté en fit arrêter et fusiller un grand nombre. Il se vante, dans son

Rapport Officiel, d'avoir fait fusiller " tous ceux qu'il prenoit les armes à la main." Mais les gens du pays vous diront, que ceux qui étoient armés, ne se laissoient pas prendre; et que dans les différens combats qu'ils soutinrent, ils aimoient mieux mourir sur la place, que de se rendre prisonniers. Ils savoient trop bien ce que leur préparoit la vengeance féroce de Buonaparté.

Il y eut plusieurs villages, non-seulement saccagés, mais brûlés. Ce fut le Général en Chef qui y fit lui-même mettre le feu. Voici comme il s'en exprime, en écrivant au Gouvernement François.

" Je fis mettre, sur-le-champ, le feu aux villages.
" Quoique nécessaire, ce spectacle n'en étoit pas
" moins horrible. *J'en fus douloureusement af-*
" *fecté.*"

Les villages ont été brûlés, on ne peut pas en douter, puisque Buonaparté le dit; mais qu'il en ait été *douloureusement affecté,* il est permis d'en douter, quoiqu'il le dise. Croira qui voudra à la sensibilité de ce Corse: nous ne croyons pas, nous, qu'il en soit susceptible. Sa vie est pleine de traits de férocité et de barbarie. Il a été féroce à *Paris,* lorsqu'en 1795, il en massacroit les habitans avec des canons à mitrailles, et qu'il arrosoit de leur sang les rues de cette capitale. Il a été féroce en *Syrie*, lorsque, de sang froid, il fit fusiller quatre ou cinq mille malheureux, dont les ossemens encore visibles crient vengeance contre leur assassin et leur bourreau. Il a été féroce envers le libraire Palm. Il a été plus que féroce, lorsqu'à *Vincennes*....... Et c'est ce même homme qui veut que nous croyons à sa sensibilité, lorsqu'il faisoit incendier des villages auxquels il avoit promis un pardon général! Non : celui qui méconnoissoit ainsi les saintes lois de l'humanité, n'a jamais éprouvé les douces impressions de la sensibilité. S'il veut absolument passer pour sensible dans cette occasion même où il étoit si cruel, nous conviendrons qu'il a eu précisément le même genre de sensibilité que Néron, qui, du haut de son Palais, contemploit l'incendie de Rome qu'il avoit lui-même ordonné.

Pourra-t-on croire que Buonaparté, qui avoit des obligations si récentes et si essentielles à l'Archevêque de *Milan*, ait osé inculper les Ministres de la Religion d'avoir été les auteurs de cette fermentation populaire. Cette accusation calomnieuse se trouve consignée, et dans son Rapport Officiel au Directoire, et dans ses deux Proclamations adressées aux habitans du *Milanès*. Il y dit que c'est aux perfides insinuations des *Prêtres* et des *Nobles,* qu'on doit imputer ce soulèvement si tôt appaisé. Il eût dit bien plus vrai, s'il eût dit, que sans les Ministres de la Religion cet incendie eût été très-difficilement éteint, et qu'il en eût été dévoré lui-même. Mais ce Général révolutionnaire vouloit toujours parler le langage de la Révolution : il vouloit parler comme parloient les Directeurs, comme avoit parlé avant eux Roberspierre\*. C'étoit un des premiers principes de la Révolution d'exciter la haine publique contre les deux premiers Ordres de l'Etat, afin de pouvoir s'emparer de leurs dépouilles. Buonaparté faisoit donc en Italie ce qui s'étoit fait en France ;

---

\* Nous disons, et il nous seroit facile de prouver, qu'il règne dans les harangues et dans les proclamations de Buonaparté, le même ton qui règnoit dans les harangues et dans les discours de Roberspierre. Il y a bien plus de points de rapprochement entre ces deux hommes, qu'on ne le croit ordinairement : et si Roberspierre, changeant, comme Buonaparté, ses principes républicains, eût été porté, comme lui, à la première place, sous le nom de Roi et d'Empereur, il n'est peut-être pas difficile de prouver que sa marche politique eût été la même que celle de Buonaparté. Mais il y auroit eu un grand point à l'avantage de Roberspierre ; c'est que, bien plus jaloux des honneurs que des richesses, il n'eût point écrasé le peuple François par un luxe Asiatique, et par les plus excessives profusions.

et il le faisoit par le même motif, parce que les deux premiers Ordres étoient aussi les plus riches, et parce que les Généraux de l'armée Françoise ne le cédoient point en avidité aux premiers spoliateurs de la Noblesse et du Clergé de France.

Au reste, si l'on veut connoître les auteurs et instigateurs de l'insurrection de *Pavie* et des environs, il n'y a qu'à consulter les habitans du pays. Ils vous diront que c'est Buonaparté et son armée qui sont les vrais coupables et les seuls coupables. Il s'étoit annoncé en Italie comme libérateur, et il étoit oppresseur. Il s'étoit annoncé pour respecter les propriétés, et il n'en respectoit aucune. La fortune, la liberté, la tranquillité, la sûreté, l'honneur des femmes, tout étoit compromis, et il falloit tout souffrir sans se plaindre; car, ou la plainte n'étoit point écoutée, ou elle devenoit un titre à une nouvelle vexation. Que peuvent faire des créatures humaines aussi horriblement écrasées par des brigands, et qui n'aperçoivent pas le terme de leurs maux? Est-il une patience capable de supporter tous les jours tant d'injustices, d'outrages, d'humiliations, de violences? Enfin le peuple se lasse; on finit par préférer une mort prompte et violente à une continuité de tourmens. Un beau jour, le feu s'allume, et le volcan fait explosion. Alors les tyrans épouvantés reconnoissent la cause de la haine qu'on leur porte, et ils apprennent à leurs dépens, que le remède à la tyrannie se trouve dans ses propres excès.

## PASSAGE DU MINCIO, ET COMBAT DU BORGHETTO.

Nous avons dit, dans le chapitre précédent, que l'armée de Buonaparté étoit arrivée à *Brescia*, et dans ses environs, le 4 de Juin, vers deux ou trois heures après midi ; mais nous n'avons pas parlé de deux anecdotes qui méritent d'être connues, parce qu'elles peuvent servir toutes deux à faire connoître le caractère pétulant et présomptueux de cet homme qui commandoit alors une armée pour la première fois, et qui, à cette époque, étoit bien plus fait pour obéir que pour commander.

Première anecdote. Buonaparté arrive à *Brescia*, ville neutre et amie. Le Gouverneur en avoit fait lever les ponts-levis ; comme il les avoit fait lever pour l'armée de Beaulieu que j'accompagnois ; ainsi je peux attester le fait. Beaulieu ne le trouva pas mauvais, et se contenta de faire entrer les officiers (du nombre desquels j'étois) et ceux des soldats qui étoient chargés de faire l'approvisionnement pour la troupe. Il n'en fut pas ainsi de Buonaparté. Trouvant les portes fermées, il demande à entrer dans la ville. Le Gouverneur fait réponse qu'il a reçu ordre, du Gouvernement Venitien, de fermer les portes, afin de garder une parfaite neutralité. Cette réponse choqua le jeune Général, qui déclara qu'il trouveroit bien moyen d'éluder cet ordre. Le Gouverneur, dont la ville n'étoit point en état de défense, comprit que par sa résistance il pouvoit compromettre le Sénat de Venise; il fit baisser les ponts. L'armée entra, et, dès le jour même, cette armée y commit, selon son usage, de grands désordres. J'avois été témoin du passage de l'armée de Beaulieu, qui s'étoit conduit avec modération; je fus témoin de l'entrée de Buonaparté, qui se conduisit avec insolence. Je me trouvois encore à *Brescia*, parce qu'une maladie de plusieurs jours m'avoit forcé d'y rester, et m'avoit empêché de rejoindre l'armée de Beaulieu à laquelle j'appartenois.

J'ai cru devoir rapporter cette anecdote, non-seulement pour prouver la violence habituelle de Buonaparté, mais pour prouver l'injustice des reproches faits par lui au Sénat de Venise, d'avoir favorisé Beaulieu dans sa retraite. Le fait est que Beaulieu a toujours respecté le territoire Vénitien ; et il auroit continué à le respecter, si Buonaparté ne l'avoit pas violé toutes les fois que cela lui convenoit. Il n'étoit pas juste que toutes les portes fussent fermées au Général Autrichien, et toutes ouvertes au Général François, chez une Puissance Neutre, qui étoit amie de l'Autriche et de la France. A la fin, Beaulieu s'empara de *Peschiera ;* mais il ne le fit qu'après que les François lui en eurent donné l'exemple, en s'emparant des places de *Brescia,* de *Crema,* de *Bergamo.* Le Gouverneur de *Peschiera* eut beau protester contre cette violation évidente d'un territoire Neutre ; Beaulieu, pour cette seule fois, n'y eut aucun égard, et il apprit aux Vénitiens, que les lois de la neutralité n'étoient pas faites pour lui seul.

La seconde anecdote eut lieu au moment où Buonaparté alloit quitter *Brescia.* Les Bénédictins, chez qui il logeoit, lui avoient fait préparer un superbe et magnifique déjeûner, auquel assistoient presque tous les Nobles de *Brescia.* C'étoit une Dimanche matin, 9 de Juin. Buonaparté, avant de monter à cheval, prend congé de la compagnie, et adresse à tous les convives cette invitation gracieuse :

R

" Citoyens, je vous invite tous à venir, Di-
" manche *prochain*, à *Mantoue* ; j'aurai le plaisir
" de vous y faire servir une tasse de bon caffé."

Un des convives plus hardi que les autres, prit la parole.

" Nous nous y rendrions bien volontiers, Géné-
" ral ; mais j'ai peur que ni vous, ni nous, ne puis-
" sions exécuter ce projêt. Nous avons vu défiler
" votre armée ; mais nous n'avons pas remarqué
" qu'elle eût aucune artillerie de siége. Sans cela,
" Citoyen Général, je doute qu'en si peu de jours
" vous puissiez vous emparer de *Mantoue*."

Cette observation ne parut pas plaire à Buona-parté ; cependant, il répliqua sur-le-champ :

" De quelle artillerie de siége entendez-vous
" parler ? Pour toute artillerie il ne faut que le
" sabre, et le courage des **Républicains** : **vous le**
" verrez par l'expérience que je vais faire. Souve-
" nez-vous de votre parole : moi, je tiendrai la
" mienne."

Aussitôt il partit, et les Nobles de *Brescia* rirent beaucoup de cette rodomontade, qui devint publique.

Buonaparté s'étoit cruellement trompé ; il fut six mois devant cette place, qu'il comptoit emporter en peu de jours. Il reconnut que le sabre et le courage ne suffisoient pas pour prendre une place bien défendue et bien fortifiée. En conséquence, il fit venir de la grosse artillerie et des forteresses du Piémont et de celles du Pape. S'il avoit cru trouver un Gouverneur aussi vil que celui de *Cherasco* en Piémont, il dut changer d'avis, en trouvant au contraire un homme aussi ferme, et aussi intrépide, que celui de *Ceva*. Ce Gouverneur fit constamment la plus vigoureuse défense ; et Buonaparté n'a pas osé publier quelle quantité de monde il avoit perdu, ou par le terrible feu de la place, ou par les assauts toujours infructueux, ou par les sorties fréquentes et meurtrières de la garnison, ou par les maladies qui règnent en été dans cette partie de l'Italie. Nous savons avec certitude qu'après notre départ de *Brescia*, l'hôpital de cette ville et beaucoup d'églises étoient remplis de François blessés qu'on y transportoit de *Mantoue*.

Au reste, il falloit que Buonaparté fût bien persuadé de la prompte reddition de cette place, puisqu'avant le mois d'Août suivant, c'est-à-dire, plus de quatre mois avant la capitulation, il en avoit annoncé deux fois la prise au Directoire de Paris ; et deux fois le Directoire avoit ordonné des fêtes publiques à ce sujet. Cette conduite parait folle et de la part du Général et de la part du Directoire; mais si l'on a quelque doute, on peut consulter le *Moniteur* de *Paris* de ce temps-là.

Il n'est pas moins certain que cette grande résistance doit être imputée à Buonaparté; c'est lui qui, en faisant reposer ses troupes dans la Lombardie, après la bataille de *Lodi*, a laissé à Beaulieu le temps de jeter des secours dans *Mantoue*, d'en faire réparer les fortifications, d'y faire porter, jour et nuit, des munitions de guerre et de bouche, sans lesquelles cette ville n'eût jamais pu soutenir un siége qui a dévoré la moitié de l'armée Françoise. C'est ce repos qui a été si fatal à Buonaparté, et si utile à Beaulieu, soit pour ravitailler *Mantoue*, soit pour établir de fortes batteries sur les bords du Mincio, et en rendre le passage difficile. C'est là une faute militaire bien prouvée, et que les gens du métier ne pardonneront jamais à Buonaparté.

Voyons maintenant, en peu de mots, et le passage du Mincio, et le combat du *Borghetto*.

Nous ne nous arrêterons pas sur ces deux événemens, dont nous n'avons pas été témoins, nous étions alors en route pour le Tyrol, où nous trouvames le Maréchal Wurmser qui étoit nommé successeur de Beaulieu. Si l'on juge du passage du Mincio et de ses circonstances par le Rapport Officiel de Buonaparté, on en aura une grande idée, car il compare cette affaire à celle de *Lodi.* Nous ne sommes pas éloignés de le croire, d'après les renseignemens qui nous ont été donnés dans le Tyrol.

L'armée de Buonaparté n'eut pourtant affaire, en cette rencontre, qu'aux débris de l'armée de Beaulieu ; mais ces débris suffirent pour fatiguer beaucoup l'armée Françoise, qui avoit, cependant, été considérablement augmentée par sa réunion récente à l'armée de Savoye.

Une autre ressemblance entre la bataille de *Lodi,* et le passage du Mincio, c'est que Buonaparté n'y parle point du tout de sa perte, quoiqu'il fasse monter celle de l'ennemi à quinze cents hommes, et à cinq cents chevaux. " Le Général Kilmaine," dit-il, " a eu son cheval blessé sous lui." Il semble qu'il n'y a pas eu d'autre perte du côté des François. Ce silence même est une forte preuve contre Buonaparté. Personne ne croira que ces mêmes soldats de Beaulieu, qui avoient fait une si brillante défense au pont de *Lodi,* et y avoient fait un grand carnage de leurs ennemis, aient dégénéré sur les bords du Mincio.

Une circonstance que Buonaparté ajoute dans son Rapport est faite pour le décréditer absolument. " L'ennemi," dit-il, " s'empresse de passer le pont " et d'en couper une arche. On racommodoit " avec peine le pont sous le feu des batteries de " l'ennemi, lorsqu'une cinquantaine de grenadiers " impatiens se jettent à l'eau, tenant leurs fusils " sur leurs têtes, ayant de l'eau jusqu'au menton. " Le Général Gardanne, grenadier pour la taille " comme pour le courage, étoit à leur tête ; les " soldats ennemis croient revoir la terrible colonne " du pont de *Lodi* ; les plus avancés lâchent le " pied. On racommode alors le pont avec facilité, " et nos grenadiers, dans un seul instant, passent " le Mincio, et s'emparent de *Valeggio*, quartier- " général de Beaulieu, qui venoit seulement d'en " partir."

Cinquante grenadiers qui, passant un fleuve à la nage, jettent l'épouvante dans l'armée Autrichienne, et font lâcher pied aux plus avancés! Comment fait-on des dupes avec de pareils récits. Le fait est que Beaulieu disputa le passage du Mincio pendant deux jours, après lesquels il fit paisiblement sa retraite dans le Tyrol.

## ENTRÉE DES FRANÇOIS A VÉRONE.

Cette ville est une de celles qui ont le plus souffert pendant la fameuse campagne de Buonaparté en Italie. Nous parlerons, dans un chapitre particulier, du sort affreux qu'elle éprouva, en 1797, lorsque, par la plus juste des insurrections, elle voulut secouer le joug de fer que les François lui avoient imposé. Nous parlons maintenant de la première entrée qu'ils y firent dans l'été de 1796.

On demandera, d'abord, pourquoi ils y sont entrés. Ils n'en avoient nul droit. L'Etat de Venise étoit en paix avec la France; il n'avoit rien fait qui pût troubler l'harmonie qui existoit entre les deux nations; lorsque, tout à coup, il plaît aux François d'envahir le territoire Vénitien, il leur plaît de traiter un peuple ami et allié, comme on traite un ennemi, d'après les lois de la guerre.

L'auteur de l'Histoire de la Campagne d'Italie, qui raconte cet événement, s'exprime ainsi: "Le " 13 Prairial, la division du Général Massena *s'em-* " *pare de Vérone.*" Le mot *s'empare* annonce une expédition militaire : mais nulle expédition militaire n'est permise contre une ville alliée. C'est là un des principes fondamentaux qui lient les nations entr'elles, et celui qui le blesse sans motif, est inexcusable.

C'est ce qu'a bien senti l'auteur ; et il allègue un prétexte pour colorer l'invasion faite par Massena : ce prétexte est vraiment curieux.

" *Vérone*," dit-il, " étoit peu de jours aupara-
" vant, le refuge de LOUIS-STANISLAS, frère du
" dernier Roi des François, et de sa petite Cour
" d'Emigrés, à qui les Vénitiens avoient non-seule-
" ment donné l'asile, mais fait beaucoup d'accueil."

Voilà donc le crime des Vénitiens! Ils avoient donné asile au frère d'un Roi détrôné et massacré par des rébelles! Mais depuis quand est-ce un crime de donner asile et de faire accueil à un infortuné ? Et si le dernier des malheureux mérite des égards ; s'ils devient, pour ainsi dire, consacré par le malheur, " Res Sacra Miser ;" que doit-on penser d'un Roi malheureux, qui, tombé de bien plus haut que le reste des hommes, doit inspirer un intérêt bien plus vif et plus profond ? Il faut qu'un écrivain ait abjuré tout principe de morale, pour transformer ainsi en crime, ce qui est un acte de vertu prescrit par l'humanité.

Mais ce prétexte même n'existoit plus quand Massena entra dans *Vérone*, puisque Louis-Stanislas avoit quitté, depuis quelque temps, le sol Vénitien ; et il l'avoit quitté, par l'ordre exprès du Sénat qui craignoit, en le gardant, de choquer la République Françoise.

Quoiqu'il en soit, ce que cet écrivain méprisable et ennemi des Rois a dit de l'invasion de *Vérone*, Buonaparté lui-même l'a dit, l'a écrit d'une manière bien plus atroce encore, et cela dans son Rapport Officiel au Directoire de Paris. Lisez, si vous le pouvez, les paroles suivantes :

" J'arrive dans cette ville pour en partir demain
" matin.....Je n'ai pas caché aux habitans que, si
" le Roi de France n'eût évacué leur ville avant
" mon passage du Po, j'aurois mis le feu à une
" ville assez audacieuse pour se croire la capitale de
" l'Empire François."

Je ne sais si aucun des Républicains les plus forcenés qu'a enfantés la Révolution Françoise s'est jamais exprimé avec un pareil degré de fureur ; mais ce que je sais bien, c'est que, pour écrire ainsi, il faut avoir une âme bien cruelle et bien lâche. Une pareille phrase suffit pour couvrir d'infamie celui qui l'a écrite : aucune excuse, aucune dignité, ne peut couvrir la honte d'un pareil langage, qui ne pouvoit être tenu que par Roberspierre ou Marat.

" J'aurois mis le feu à la ville, si le Roi de " France y eût été." Donc, tu aurois compris dans l'incendie ton Maître et ton Roi ; car il l'étoit, et il l'est encore, celui dont les bienfaisantes mains daignèrent te nourrir ; celui qui tira de l'obscurité ta famille indigente, inconnue avant tes crimes, car la honte de ta mère et l'infamie de ton père, qui vivoit de cette honte, n'avoient été publiques qu'en Corse !

" J'aurois mis le feu à la ville." Quoi ! il falloit que toute une ville, et une grande ville pérît par les flammes, parce qu'elle avoit donné l'hospitalité à un Prince juste et bon, proscrit par des factieux ! Et Buonaparté n'a pas craint de faire ces horribles menaces ! et il s'en est vanté en écrivant au Gouvernement François !

Elle sera consignée dans l'histoire cette phrase ; et la postérité exécrera celui qui l'a écrite ; et, quand il ne seroit pas d'ailleurs chargé de tant d'autres forfaits, elle le mettra à côté de Neron ; elle le rangera dans la classe des monstres.

En vérité, plus on relit ces infernales expressions,

plus on a de peine à se persuader que la nature humaine puisse arriver à un pareil degré de perversité.

Mais, pour écarter une idée aussi affligeante, citons un trait absolument opposé, et qui honore l'humanité ; ce trait est de Georges III, Roi d'Angleterre ; de celui-là même que Buonaparté accuse d'être le persécuteur des Irlandois. Ce prince apprend que le Cardinal d'Yorck est ruiné par la Révolution Françoise ; qu'il a même été obligé de quitter Rome, et de chercher un asile à travers les mers. Sur-le-champ, il ordonne qu'on paye chaque année à ce vieillard malheureux une pension de quatre mille livres sterling. Il oublie que ce Cardinal a pris pendant long-temps le titre de Roi d'Angleterre, qu'il s'en est fait rendre les honneurs, qu'il s'est fait inscrire sous ce nom dans le Calendrier Romain.

Ce trait sera lu avec attendrissement par nos derniers neveux ; et ils diront : Voilà un Prince à qui le trône étoit dû, puisque dans son cœur régnoit la bonté avec la justice.

Nous ne pouvons nous déterminer à finir ce chapitre, sans faire une réflexion vraiment alarmante pour Buonaparté. Il est aujourd'hui bien haut ; il peut demain tomber bien bas ; et même plus il est élevé, plus la chûte seroit épouvantable pour lui.

.......................Altior esset
Casus, et impulsæ præceps immane ruinæ.

Supposons, donc, que par cette chute, possible et désirable, il fût contraint de chercher un asile. Où le trouveroit-il? Quelle est la partie du monde où il pourroit vivre en sûreté? Seroit-ce en Europe? Il en a écrasé et devasté presque tous les pays, et il y sera couvert des malédictions générales pendant un grand nombre de générations. Seroit-ce en Afrique, en Asie? Il y a aussi versé du sang, et commis des crimes. Seroit-ce en Amérique? Eh! ce pays a aussi retenti du bruit de ses forfaits ; et une de ses plus belles colonies (St. Domingue) lui impute à juste titre une grande partie de ses calamités. D'ailleurs, à quel titre demanderoit-il l'hospitalité, lui qui a déclaré qu'on devoit mettre le *feu à une ville*, par la seule raison qu'elle avoit servi d'asile à un Roi malheureux et proscrit. Il seroit obligé de se cacher dans le fond des forêts, au milieu des bêtes farouches, moins féroces que lui : il seroit comme Caïn, fugitif, errant, et portant partout sur son front un signe visible de réprobation ; il verroit dans chaque homme qu'il rencontreroit, un vengeur des innombrables victimes qu'il a immolées à son ambition.

Puisse la Providence, qui veille sur les choses humaines avec tant d'équité, donner cette leçon aux méchans, et ce grand spectacle à la terre !

VAINS EFFORTS DE BUONAPARTÉ POUR ENTRER DANS LE TYROL.

Nous avons dit que Buonaparté fit une faute, en ne poursuivant pas les Autrichiens après la bataille de *Lodi* ; il eût pu leur couper la retraite, et s'ouvrir à lui-même le passage facile vers le Tyrol. Alors il se fût épargné et une longue résistance de la part des Autrichiens, et la perte d'une paatie de son armée.

Cette première faute fut suivie d'une bien plus grande encore ; et la voici.

Beaulieu, arrivé dans le Tyrol, avoit tout au plus quinze mille hommes. Il sentit qu'avec des forces si inférieures, il n'étoit pas en état de faire face à la nombreuse armée de Buonaparté. Que fit-il ? Il prit une position très-forte ; et cette position suppléa au nombre. Il se retrancha vers *Montebaldo* et *la Chiusa*; et couvert, d'un côté, par des montagnes, de l'autre, par l'Adige, il pouvoit difficilement être entamé.

Mais un avantage plus grand que la position des lieux fut d'avoir affaire à Buonaparté. Celui-ci, soit par présomption, soit par l'un et l'autre à la fois, prit tout juste les mesures les moins propres à réussir. Il eût pu détacher de son armée un corps considérable, qui se fût porté par *Bassano* vers *Valsugana*; un autre corps eût pris la route de *La Val Comonica*, et passant par le lac Yseo, se fût posté du côté de la Vallée *del Sole,* et le reste de l'armée eût tenté le passage par *Montebaldo*, et *la Chiusa*.

Déjà les Tyroliens, qui s'attendoient à cette opération, étoient dans la plus grande alarme, au point que de la partie Italienne du Tyrol on avoit déjà fait passer les magasins dans la partie Allemande, parce qu'on sentoit l'impossibilité que Beaulieu, avec un corps aussi foible, pût défendre tant de points à la fois. Mais Buonaparté, oubliant les mesures que la prudence dictoit, montra qu'il faut autre chose que de l'impétuosité pour faire un bon Général. Il voulut absolument forcer les passages de *Montebaldo* et de *la Chiusa*.

Il fit contre ces postes des attaques vigoureuses et

journalières : mais toutes ces attaques furent repoussées chaque jour avec une insurmontable résistance, au point que les Autrichiens, depuis le milieu de Juin jusqu'à la fin de Juillet, n'abandonnèrent pas un pouce de terrein. Buonaparté perdit des hommes en quantité ; et c'est une chose connue, que l'Adige fut, pendant long-temps, couvert de cadavres François, et, pendant plusieurs mois, les habitans du Véronois ne voulurent pas manger du poisson de l'Adige. Buonaparté pouvoit se consoler de cette perte ; lui, qui, dès son entrée dans la carrière militaire, s'est accoutumé à compter pour rien la vie des hommes qu'il commande ; mais il perdoit aussi du temps ; et cette perte lui fut bien fatale. Les Tyroliens, qui avoient d'abord été consternés, et qui croyoient voir l'ennemi arriver chez eux, eurent le temps de se lever en masse, et de s'organiser selon la coutume de leur pays ; et l'armée de Wurmser eut le temps de venir renforcer l'armée de Beaulieu.

Buonaparté, pour réparer cette faute impardonnable, se servit d'un moyen, que l'historien de la Campagne d'Italie appelle *l'arme des proclamations*. Il est bon de rapporter le passage de cet historien :

" Dans le dessein de pénétrer dans le Tyrol, il

" vouloit s'y faire précéder par un Manifeste, qui
" lui procurât des partisans dans ce pays difficile.
" C'est aussi là une manière de battre ses ennemis,
" et peu de Généraux ont manié *l'arme des*
" *proclamations* avec plus d'adresse que lui ; on en
" peut remarquer beaucoup dans celle qu'il envoya
" au peuple guerrier de ces montagnes."

Effectivement, peu de Généraux ont fait plus de proclamations que Buonaparté ; et nous conviendrons encore qu'aucun Général, peut-être, n'en a tiré plus d'avantage que lui. Son panégyriste lui en fait un grand mérite : nous ne sommes point de son avis, et nous trouvons dans l'usage de cette arme beaucoup moins d'*adresse* que de perfidie et d'immoralité : car, après tout, en quoi consistent ces Proclamations dont il a inondé l'Europe et l'Egypte ? Il commence toujours par annoncer aux peuples *la liberté*. C'est ce cri de liberté qui est son principal talisman ; cri, qu'ont toujours employé les factieux pour tromper et soulever les peuples ; cri, qui a été le premier signal de la Révolution Françoise ; cri, qui a provoqué et excité les fureurs et les excès dont elle a été accompagnée. Le beau mérite que celui de se servir d'un cri qui a été mis en usage par tous les scélérats qui ont voulu faire des révolutions, depuis l'existence des sociétés ! Maudit soit celui qui, le premier, a jeté ce cri, au milieu d'une société organisée ; c'étoit à coup sûr un séditieux et un méchant\*.

En quoi consistent les proclamations de Buonaparté ? A promettre partout respect aux propriétés, avec l'intention de n'en respecter aucune—A promettre que tout sera payé en argent, lorsqu'il est résolu de ne rien payer, et d'enlever tout l'argent du pays—A promettre de faire garder la plus sévère discipline, lorsque ses soldats seront autorisés par

---

\* Ce cri de liberté s'élevera un jour contre Buonaparté lui-même ; et ce jour n'est peut-être pas éloigné, par la raison même qu'il est arrivé au dernier terme de la puissance. Et alors, celui qui s'est si souvent servi de ce cri pour soulever les sujets des Rois, verra avec quelle facilité et quel succès on tournera cette arme contre lui. Les germes d'une insurrection générale sont dans tous les cœurs, depuis le Napolitain jusqu'au Sarmate, depuis le Portugais jusqu'au Polonois. Ce germe est surtout en activité dans la France même, puisqu'elle est le principal foyer de l'oppression et du despotisme. Tout à coup l'explosion se fera ; une longue et incroyable patience sera changée en une fureur sans bornes. Les cinq cents mille baïonnettes qui entourent ce soupçonneux despote ne le garantiront pas du coup fatal ; et c'est probablement une de ces baïonnettes mêmes qui terminera sa funeste carrière.

T

lui à commettre toute espèce de violence et d'attentats.

Non, de pareilles proclamations ne sont point un mérite pour un Général; elles sont plutôt une honte et une tache, au moins dans les pays où l'honneur et la loyauté sont comptés pour quelque chose.

Mais, dira-t-on, comment ces proclamations ont-elles produit un si grand effet, quoiqu'elles aient toujours été mensongères? M. Burke a donné la réponse à cette difficulté, en disant que *la crédulité du peuple est un fond aussi inépuisable que la scélératesse des méchans.*

Quoiqu'il en soit, Buonaparté fit répandre sa Proclamation dans le Tyrol; et nous conviendrons avec l'historien, qu'elle est encore plus adroite que les autres : la voici.

" L'armée Françoise respecte et aime tous les
" peuples, plus particulièrement les habitans sim-
" ples et vertueux des montagnes.... Nos troupes
" maintiendront une discipline sévère, et rien ne
" sera pris dans le pays, qu'il ne soit payé en argent.
" Vous nous recevrez avec hospitalité, et nous vous
" traiterons avec amitié et fraternité.... Ne vous

« laissez pas induire en erreur par les agens de
« l'Autriche.... Sous peu, la Cour de Vienne,
« obligée à la paix, rendra au peuple ses priviléges
« qu'elle a usurpés, et à l'Europe sa tranquillité
« qu'elle trouble."

Cette proclamation, toute insidieuse qu'elle est, ne produisit aucun effet sur les âmes simples et franches des Tyroliens. Ils savoient ce que c'étoit que le *respect* et *l'amour* des François pour tous les peuples. Ils savoient quelle avoit été la tendresse *particulière* de l'armée Françoise pour les *habitans simples et vertueux des montagnes de Suisse.* Ils savoient en quoi consistoit cette *discipline sévère* des soldats Républicains commandés par Buonaparté; et ils apprécioient avec justice la fraternité et l'amitié qui leur étoit offerte. Ils restèrent donc fidèles à leur Souverain légitime, et aimèrent mieux rester les sujets de l'Empereur d'Autriche que de goûter les fruits de cette liberté précieuse que le Corse leur présentoit avec tant de sincérité.

Buonaparté ne le leur a jamais pardonné, et il a joui du plaisir cruel de les faire passer d'une domination à laquelle ils étoient accoutumés et qu'ils aimoient, sous le joug d'un de ces Rois nouveaux à qui l'Empereur des Gaules a donné une flétrissante couronne, et qui, sous le nom imposant de Monarques, sont, en effet, les méprisables esclaves d'un parvenu.

## UNE NOUVELLE ARMÉE AUTRICHIENNE ARRIVE DANS LE TYROL.

Le Cabinet de Vienne s'étoit enfin décidé à envoyer des renforts à l'armée de Beaulieu, ou plutôt, il envoya une nouvelle armée, commandée par le Maréchal Wurmser. Cette armée débuta d'une manière éclatante, et qui coûta cher à l'armée Françoise. Buonaparté en convient lui-même. " Nous " avons essuyé des revers, Citoyens Directeurs." C'est là tout ce qu'il dit ; mais dans la bouche de Buonaparté, ce peu de mots signifie beaucoup. " Nous avons essuyé des revers." On voit qu'il lui en a coûté beaucoup de prononcer ce mot *Revers*. Aussi, sur-le-champ, y met-il un correctif. " Mais " déjà la victoire commence à revenir sous nos dra- " peaux." Et alors il s'étend longuement sur ces victoires qu'il dit avoir remportées. A peine trois pages lui suffisent pour en faire le récit. Autant il a été laconique sur les revers, autant il est diffus et exagérateur sur les succès. C'est à nous à suppléer à son laconisme, et à dire en quoi consistoit ce *revers* qui fut une défaite et une déroute complète.

L'armée de Wurmser étoit d'environ quarante mille hommes, y compris sa cavalerie, qui lui devenoit inutile sur le terrein où il devoit faire ses premières attaques. Buonaparté avoit des forces supérieures ; car, ayant prévu l'arrivée de l'armée ennemie, il avoit appelé près de lui la moitié des troupes qui étoient dans les environs de *Mantoue*, et, de plus, tous les corps qui, placés en différens autres lieux, n'y étoient pas absolument nécessaires.

Le 28 ou 29 de Juillet, Wurmser se présente brusquement, de bon matin, devant la ligne Françoise, et l'attaque sur tous les points. Cette ligne étoit protégée par de très-nombreuses batteries, qui la rendoient très-formidable. Si l'attaque fut très-vive, la défense fut vigoureuse pendant plusieurs heures qu'on se canonna de part et d'autre. Mais, enfin, le Général Autrichien força les retranchemens ennemis. On s'y battit à l'arme blanche, et le carnage fut terrible. Le désordre, la confusion, l'épouvante, furent tels dans l'armée Françoise, qu'on ne pouvoit plus reconnoître la terrible colonne du pont de *Lodi*, ni les intrépides grenadiers du passage du Mincio. Tous ces héros lâchèrent pied et prirent la fuite avec précipitation ; les Autrichiens les poursuivirent avec acharnement, en tuèrent un bon nombre, et ne s'arrêtèrent que lorsque la nuit les y contraignit absolument.

Wurmser prit presque tous les canons des batteries, et fit huit mille prisonniers. Le nombre des morts et des blessés alla au-delà, au point que les habitans du pays mirent deux jours entiers à enterrer les cadavres. Nous ne perdîmes qu'environ trois mille hommes en tués et blessés, et prisonniers. C'est là l'action que Buonaparté appelle modestement un revers, et que Wurmser avoit droit d'appeler de sa part une grande et superbe victoire.

Ce ne fut pas tout ; pendant que la ligne Françoise étoit attaquée, le poste de *Salo* fut aussi attaqué par une flotille Autrichienne, venue de la rive de *Trente* par le lac de *Garda* ; et un autre petit détachement d'environ trois mille hommes se porta sur *Brescia*. Les deux places se rendirent, et les deux garnisons furent faites prisonnières de guerre.

Il y a plus ; et ce qui dut faire le plus grand plaisir à Wurmser, c'est que, dès le jour suivant, il vit l'ennemi forcé d'abandonner le siége de *Mantoue*, laissant un grand parc d'artillerie et d'immenses munitions de toute espèce. Il fit transporter tout cela dans la place de *Mantoue* très-promptement ; et il fit aussi détruire toutes les batteries élevées par les

François pour fatiguer cette ville par de fréquentes canonnades.

Voilà donc l'explication de ce mot *revers* dont s'est servi Buonaparté dans son Rapport au Directoire. Cela veut dire qu'il a été complétement battu ; mais en revanche, lorsqu'il se vante d'avoir remporté une victoire, il s'en faut bien que ce mot doive toujours être pris dans sa signification ordinaire. Souvent il ne signifie dans les Rapports de Buonaparté, qu'un léger avantage que sa vanité aime à grossir ; souvent même un avantage équivalent à une défaite par le grand nombre d'hommes qu'il a perdus.

Cette réflexion générale est applicable à tous les Bulletins qu'a publiés Buonaparté depuis sa première campagne faite en Italie jusqu'à la dernière faite sur les confins de la Russie.

**BATAILLE DE CASTIGLIONE DELLE STRIVIERE.**

Avant d'entrer dans le récit de cette action, qu'il nous soit permis de relever quelques passages du Rapport de Buonaparté.

D'abord, il donne à l'armée de Wurmser une

grande supériorité de nombre sur la sienne; il la compose de vingt mille hommes envoyés de l'armée Autrichienne du Rhin, outre de *nombreuses recrues*, et un *nombre très-considérable de bataillons* venus de l'intérieur de l'Autriche. Le motif de ce calcul est très-clair: c'est que Buonaparté veut toujours avoir battu des armées formidables. A vaincre avec de grands périls, il y a plus de gloire, et à être vaincu par des forces très-supérieures, il ne peut y avoir d'humiliation.

Le fait est pourtant que l'armée de Wurmser ne passoit pas quarante mille hommes : nous l'assurons avec pleine certitude, et nous nous rappelons bien distinctement qu'on accusoit très-hautement le Baron de Thugut, alors Ministre tout-puissant à Vienne, de n'envoyer que des armées insuffisantes contre les François, comme s'il se fût beaucoup moins occupé de la gloire de son pays que de l'aggrandissement de Buonaparté : et effectivement durant le cours de cette campagne d'Italie, il a envoyé successivement trois armées qui ont disparu l'une après l'autre, quoique les deux premières aient été commandées par deux habiles Généraux, Beaulieu et Wurmser. Si ce Ministre eût réuni d'abord des forces imposantes, comme il le devoit et le pouvoit, il eût mis à couvert l'honneur de son maître, eût conservé ses Etats d'Italie, et eût épargné beaucoup de sang Autrichien.

Une exagération conduit à une autre exagération.

" Une division," dit Buonaparté, " de quinze " mille hommes, surprit la division du Général " Soret à *Salo*, et s'empara de ce poste essentiel."

Ces quinze mille hommes se réduisent, dans la réalité, à trois mille hommes, venus par une petite flotille Autrichienne de la Rive de Trente. Ce n'est pas une petite erreur, que celle qui quintuple ainsi les forces de l'ennemi ; mais cette erreur, très-volontaire, n'a pas été faite sans motif: Buonaparté vouloit relever la gloire du Général Guieux dont il rapporte une action mémorable.

" Le Général de Brigade Guieux, avec six cents " hommes, se renferme dans une grande maison de " *Salo*, et là brave tous les efforts de l'ennemi qui " le cernoit de tous côtés."

Le Rapport ajoute que ce Général est resté renfermé avec sa troupe, dans cette maison, pendant quarante-huit heures, sans provisions, sans pain, se battant toujours contre l'ennemi avec une bravoure et une intrépidité admirables.

Un Général qui tient si long-temps contre un

détachement de quinze mille hommes, dans un maison particulière, n'ayant que six cents hommes qui manquent de tout! C'est bien là un grand trait d'héroïsme, et de la part du Commandant, et de la part des soldats; mais il faut pour y croire une autorité plus décisive que celle du Rapport de Buonaparté.

Mais venons à l'affaire très-fâcheuse de *Castiglione*.

Buonaparté voyant que sa ligne sur l'Adige avoit été forcée, expédia deux couriers, l'un au Commandant du siége de *Mantoue*, avec ordre d'abandonner ce siége, et de repasser promptement le Mincio, l'autre au Général qui commandoit l'armée de réserve dans le Milanès, afin qu'il vînt au plus vîte le rejoindre sur le territoire de *Brescia*, en forçant sa marche le plus possible.

Il n'est pas douteux que, si l'armée de Wurmser eût été aussi forte que Buonaparté le dit, jamais cette réunion n'eût eu lieu; et Buonaparté eût été facilement coupé dans sa retraite, et même enveloppé. Mais, malheureusement, les deux détachemens qui s'étoient emparés, l'un de *Salo*, l'autre de *Brescia*, détachemens qu'il porte à trente mille hommes, se montoient en tout à six mille; et ces forces étoient insuffisantes pour arrêter l'armée Françoise qui put facilement repasser le Mincio, se réunir à l'armée de *Mantoue* et à celle de réserve qui venoit du Milanès.

Dans les deux premiers jours qui suivirent la défaite de Buonaparté, il ne se passa aucun fait important ; il y eut des escarmouches entre les corps avancés de l'avant-garde et de l'arrière-garde des deux armées, et voilà tout. Buonaparté eut donc le temps de faire reprendre courage à ses soldats, de les réorganiser, et de renforcer son armée.

Le troisième jour, il se remit en mouvement ; il envoya la division du Général Augereau reprendre *Brescia ;* et *Brescia* fut reprise sans difficulté, le détachement Autrichien de trois mille hommes en étant sorti pour se porter sur *Lonado*. Il envoya la division du Général Soret reprendre *Salo,* qui fut effectivement reprise après un combat long et obstiné. Le Général d'Allemagne marcha avec sa division contre le détachement qui étoit allé à *Lonado;* il y trouva une vive résistance qui, du propre aveu de Buonaparté, laissa long-temps la victoire indécise.

Nous passons sous silence quelques contradictions qui se trouvent dans ce même Rapport Officiel\*, pour raconter ce qui concerne la bataille de *Castiglione* qu'il plaît à Buonaparté d'appeler une bataille générale, et qui n'a été qu'une action particulière entre la colonne d'Augereau et un corps de notre armée, sous les ordres du Baron Liptay.

Le Baron Liptay avoit reçu ordre de s'emparer de *Castiglione ;* mais il ignoroit qu'Augereau y étoit entré, la veille au soir, et qu'il y avoit pris des mesures qui devoient être bien funestes aux Autrichiens. Il avoit divisé sa troupe en deux : la moitié fut placée à quelque distance de la ville dans une plaine, où elle sembloit attendre qu'on vînt l'attaquer; l'autre moitié, cachée dans la ville, avoit ordre de ne laisser sortir aucun des habitans le lendemain matin ; et elle ne devoit se montrer, que quand les Autrichiens seroient entrés.

Cependant, à la pointe du jour, Liptay trouve un

---

\* Voici une de ces contradictions, qui est assez saillante. Il y est dit que le Général Soret avoit repris *Salo,* et délivré le brave Général Guieux—et, quelques lignes après, il est dit que le Général Guieux étoit à la gauche de l'armée Françoise, le jour de la bataille générale, et que c'étoit lui qui devoit attaquer *Salo.*—Comment attaquer *Salo,* puisque cette ville avoit déjà été attaquée et reprise par Soret, qui y avoit délivré le Général Guieux ?

espion, qui l'assure qu'il n'y a pas un seul François à *Castiglione*, qu'ils s'étoient tous retirés pendant la nuit, sachant qu'on devoit les attaquer le lendemain matin. L'imprudent Général, sans prendre aucune précaution, sans s'assurer au moins de la personne de l'espion, marche en grande hâte vers la ville avec son détachement qui montoit environ à huit mille hommes, infanterie et cavalerie. Il entre avec confiance, et ne rencontre pas un seul ennemi. Les habitans paroissent tous endormis; mais les soldats François, bien cachés, ne dormoient pas. Ils s'étoient placés sur les toits des maisons, et y attendoient leur proie. A peine les Autrichiens furent-ils entrés, que l'on fit de toutes parts sur eux un feu terrible et très-meurtrier. Ils étoient frappés et tomboient sans pouvoir se venger. Ils vouloient s'échapper, et passoient d'une rue dans l'autre; mais la mort les suivoit partout. Cette boucherie dura plus d'une heure. Toutes les rues étoient jonchées de cadavres et de blessés; et peut-être ne seroit-il pas échappé un seul Autrichien, si le reste de la colonne d'Augereau, qui s'étoit renforcée, la nuit, eût accéléré sa marche; elle arriva encore à temps pour poursuivre les fuyards, et leur faire un millier de prisonniers.

Wurmser avoit été promptement instruit de la reprise de *Salo*, de *Brescia*, et de *Lonado*; mais il fut informé assez tard du revers que venoit d'essuyer à *Castiglione* le corps de Liptay, qui formoit l'avant garde de son armée. Aussitôt il reprend la route du Tyrol, d'où il étoit descendu six jours auparavant. Il fit sa retraite en bon ordre, ayant au moins la consolation d'avoir mis de grands renforts dans *Mantoue*, d'avoir pris aux François toute leur grosse artillerie de siége, et d'avoir mis cette forte place en état de se défendre encore plusieurs mois.

Buonaparté, dans le Rapport de cette bataille, fait monter la perte de Wurmser à douze ou quinze mille prisonniers, six mille tués ou blessés. Par ce calcul, il auroit perdu plus de la moitié de son armée; mais il est certain que sa perte ne passa pas en tout douze mille hommes.

Buonaparté ajoute que presque tous ces prisonniers, tués, et blessés, étoient de l'armée du Rhin; et il ne faut pas croire que ce soit sans intention qu'il l'ait dit. Et quelle étoit cette intention ? Elle est facile à saisir. Ces soldats, venus de l'armée du Rhin, étoient commandés par l'Archiduc CHARLES, s'y battoient contre Moreau, qui plus d'une fois avoit été battu. Il veut donc par là faire remarquer, et il seroit bien fâché qu'on ne remarquât pas, que ces mêmes soldats qui avoient été vainqueurs contre Moreau, avoient été vaincus en se battant contre lui, Buonaparté. Quelle gloire pour lui d'avoir triomphé en peu de jours de tous ces braves qui étoient accoutumés en Allemagne à triompher de son rival. Nous disons son rival, et nous devrions dire, son ennemi ; car la jalousie de Buonaparté n'est pas une passion élevée ; c'est une haine véritable et basse. Et telle a été sa haine contre Moreau, que, parvenu à un trône usurpé, il a voulu le faire périr sur un échafaud. Il ne lui a jamais pardonné l'opinion publique, qui le plaçoit le premier dans le rang des Généraux ; et il se fût décidément procuré le plaisir de faire tomber sa tête par la main du bourreau, s'il n'eût pas craint d'aigrir les esprits des soldats qu'il a tant d'intérêt à ménager.

### ENTRÉE DES FRANÇOIS DANS LE TYROL, ET RETRAITE PRÉCIPITÉE DE WURMSER, QUI VA DE BASSANO SE RENFERMER DANS MANTOUE.

Wurmser étoit entré en Italie avec gloire ; son premier pas avoit été signalé par une victoire. Il avoit battu un ennemi supérieur en force ; mais, maintenant, son armée va nous donner des exemples affligeans de lâcheté et de corruption ; et il sera démontré bien clairement, que Buonaparté, qui attribue tous ses succès à sa bravoure et à ses talens, devroit en attribuer la plus grande partie à des moyens honteux, que les grands hommes ne se sont jamais permis, et qui ne prouvent que la bassesse et la lâcheté de ses adversaires.

Wurmser avoit conçu un grand plan dont l'exécution eût été un coup terrible pour l'armée de Buonaparté. Il étoit instruit que celui-ci avoit reçu du Directoire l'ordre de s'ouvrir un passage dans le Tyrol par *Inspruck*, pour y faire une diversion utile à l'armée de Moreau, que l'Archiduc Charles, fatiguoit beaucoup sur les bords du Rhin. Que fait Wurmser ? Il se met en tête de lui faciliter ce passage, jugeant que c'étoit le meilleur moyen de l'envelopper et de le battre.

En conséquence, il ordonne aux deux tiers de son armée de se porter par la *Valsugana* à *Bassano*. L'autre tiers avoit ordre d'aller occuper *Alla*, sur la grande route de *Verone* à *Trente*. Ce tiers devoit, à la première rencontre des François, faire une vigoureuse résistance, puis, se retirer lentement dans le Tyrol Allemand, et, cependant, livrer chaque jour de petits combats pour faire payer cher à l'ennemi le terrein qu'il lui céderoit. Une fois arrivé dans le Tyrol Allemand, ce tiers devoit se réunir à un autre corps considérable, formé de troupes de ligne et des braves chasseurs Tyroliens, levés en masse pour la défense de leur pays; et lui Wurmser eût aussi suivi l'armée Françoise pour la harceler dans un pays difficile, et gêner sa marche de toutes les manières.

Le jour même où les deux tiers de l'armée Autrichienne, d'après le plan de Wurmser, partirent pour *Bassano*, fut aussi celui où Buonaparté se mit en mouvement, et prit la route d'*Alla*; avec une toute autre intention que celle de se rendre à *Inspruck*.

Le tiers de l'armée Autrichienne, qui avoit pris la route d'*Alla*, s'établit sur ces montagnes, dans des positions très-avantageuses; la nature du terrein permettoit d'arrêter, pendant plusieurs jours, toute l'armée ennemie, quand elle eût été plus nombreuse. Cependant (qui le croiroit!) malgré ces positions formidables, les Autrichiens furent délogés et chassés avec une facilité et une rapidité inconcevables. Le nombre des prisonniers est incroyable, et de prisonniers qui s'étoient rendus honteusement et lâchement, sans la moindre défense\*. En moins de huit jours, tout le Tyrol Italien fut évacué, et l'armée de Buonaparté se trouvoit en présence de

\* Voici un trait qui mérite d'être conservé; nous le tenons du Marquis Giustiniani, habitant de *Vicence*, homme respecté pour son âge, et bien plus respectable encore pour sa probité et ses vertus. Il l'avoit entendu raconter chez lui à celui-là même à qui il étoit arrivé : c'étoit un Chef de bataillon de la division de Massena, qui, avec cinq cents hommes, avoit fait prisonniers trois mille Autrichiens sans aucun combat.

Logé, peu de jours après, chez ce même Marquis Giustiniani, à *Vicence*, et dînant avec lui, il lui fit le récit suivant, qui, par sa naïveté, doit inspirer de la confiance.

" Que diriez-vous, Monsieur le Marquis, si je vous assurois,
" qu'avec cinq cents de mes soldats j'ai fait prisonniers trois
" mille Autrichiens dans le Tyrol? C'est une vérité de fait, je
" vous la garantis sur mon honneur ; écoutez !

" Pendant que notre division avançoit vers *Roveredo*, le Géné-
" ral Massena m'ordonna de prendre cinq cents hommes, et
" d'aller déloger l'ennemi de dessus une hauteur, qui lui donnoit
" beaucoup d'avantages sur nous."—" Mais, Citoyen Général," lui observai-je, " voulez-vous qu'avec si peu de monde···· Sur-le-champ, il m'interrompt—" Obéissez promptement," me dit-il, " et je vous réponds du succès."—Aussitôt dit, aussitôt
" fait. Je me présente au pied de la montagne, et je manœu-
" vre comme un homme qui veut attaquer. Je ne remarque
" chez l'ennemi aucun signe qui annonce qu'il veuille se dé-
" fendre: j'entre en soupçon que c'est un piège qu'il me tend

Wurmser, à *Bassano*. Le Général Autrichien ne s'y attendoit pas : il avoit envoyé, deux jours avant, une de ses divisions, sous le commandement du Général Baron d'Ott, vers *Verone*, par le chemin de *Vicence*, où elle passa, le 7 de Septembre au matin, et se porta à *Montebello*. Wurmser étoit resté fort tranquille dans la ville avec sa caisse militaire.

Peu s'en fallut qu'il n'y fût pris. " Wurmser et " le trésor de l'armée n'ont été manqués que d'un " instant," dit Buonaparté, dans son Rapport. " Une escouade de ma compagnie des guides, *qui* " *étoit à ses trousses, l'ayant poursuivi vivement*, a

" pour m'attirer dans une mauvaise affaire. Alors, je m'arrête,
" et je réfléchis sur le meilleur parti à prendre. Voyant toujours
" l'ennemi dans l'inaction, je détache un officier parlementaire ;
" avec ordre de dire au Commandant Autrichien, que s'il aimoit
" mieux se rendre que de se battre, il fît mettre bas les armes à
" sa troupe. C'est ce qu'il fit ; et j'eus, dirai-je ! la gloire de
" faire avec si peu de monde trois mille prisonniers, qui n'a-
" voient pas tiré un coup de fusil."

Le Marquis Giustiniani en nous racontant ce fait, dont il étoit encore tout pénétré, nous protesta qu'il n'avoit pas ajouté un *iota* à ce qu'il avoit entendu.

Ce Chef de bataillon étoit un François, natif de Perpignan.

" eu deux hommes tués, et le citoyen Guérin, Lieu-
" tenant de la compagnie, blessé."

Qu'on nous explique maintenant comment un Général en Chef, habile et expérimenté, a pu être surpris de la sorte, si ce n'est pas par trahison ?

Buonaparté, à la vérité, avoit fait des marches très-rapides ; il avoit passé les endroits les plus difficiles de la Brenta, et son armée étoit venue passer la nuit à environ deux heures de marche de *Bassano*. Mais quelle qu'ait été la célérité de Buonaparté, il y a eu tout le temps d'avertir de son arrivée le Général en Chef. Celui qui commandoit les postes avancés, et qui étoit chargé de défendre les gorges difficiles de la Brenta, étoit tenu d'avertir Wurmser de l'approche de l'ennemi. Il n'en fit rien. On peut donc l'accuser d'avoir trahi : mais celui sur lequel tombe plus directement le reproche de trahison, celui qu'il est impossible de justifier, est le Quartier-Maître Général Baron de Lauer. Il avoit été averti de l'arrivée des François par un des Nobles les plus distingués de *Bassano* ; et celui-ci en avoit acquis la certitude par des paysans qui étoient venus, cette même nuit, se plaindre à lui avec amertume de tous les mauvais traitemens qu'ils avoient eu à souffrir, eux et leurs femmes, de la part des soldats de Buonaparté. Il avoit jugé ce fait trop important pour n'en pas donner connoissance au Général.

Il s'achemine donc, dès la pointe du jour, vers le Quartier-Général. Il alloit entrer, lorsqu'il rencontre le Général Lauer, qui, d'un air tranquille et serein, lui demande ce qui l'amène si matin—" Ce qui " m'amène," répond le Noble, " c'est le danger " dont vous êtes menacés. L'armée Françoise arrive; " la vôtre sera perdue; je veux en donner avis au " Général qui certainement l'ignore."—Le Général Lauer, loin de le remercier, lui défend d'avancer, et lui dit brusquement de ne pas se mêler des affaires qui ne le regardent pas. On imagine, peut-être, que Lauer vouloit avoir le mérite d'avertir lui-même son Général de ce qui se passoit! Il n'en fit rien; il attendit jusqu'à la dernière extrémité, et le vieux Général ne sut que les François arrivoient, que lorsqu'il étoit dans le plus grand danger de tomber entre leurs mains. Quelques heures plutôt, il étoit encore à temps de passer par la Piave, et de se retirer dans le Frioul; mais, surpris comme il l'étoit, il ne lui resta plus d'autre parti à prendre, que d'aller s'enfermer dans *Mantoue :* c'est ce qu'il fit, emportant avec lui la caisse militaire, au grand regret de Buonaparté.

Nous disons donc, qu'il y a eu corruption, et nous le disons hautement; c'est l'or qui a paralysé les bras des Autrichiens; ils étoient auparavant si braves, et si redoutables! Ils sont devenus ensuite si foibles et si lâches! Non, cela n'est point naturel; c'est l'or qui a opéré cette étrange métamorphose:

> Aurum per medios ire satellites,
> Et perrumpere amat castra, potentius
> Ictu fulmines.

Nous le disons d'après les officiers François eux-mêmes. On se souvient dans toute l'Italie de ce propos que tenoient journellement ces officiers: " Les louis de France dans les mains de Buona-" parté sont bien plus terribles que toute son " armée." Nous l'avons entendu plus d'une fois nous-mêmes ce propos sortant de leur bouche, et nous en avons frémi : et quelquefois, nous leur avons répondu :

" Non, ce ne sont pas les louis de France qui " font tout le mal; ce sont bien plutôt les pièces " de quatre-vingt seize livres de Gênes, les *Doppie* " de Savoye, les sequins de Venise, et toutes les " monnoies d'Italie."

Effectivement, c'étoit du pays même où Buonaparté faisoit la guerre, qu'il tiroit tout l'or qu'il versoit ensuite dans les mains des traîtres. Il avoit à un tel point le talent de piller, il savoit si bien épuiser les caisses publiques et particulières, et dessécher tous les canaux de la richesse, qu'il avoit toujours des fonds immenses qui suffisoient, non-seulement à l'enrichir lui et ses Généraux, mais à payer grand nombre de traîtres dans l'armée ennemie, et un plus grand nombre encore parmi les habitans du pays, qui devenoient espions dans leur propre patrie, qui y devenoient perturbateurs du repos public, et toujours prêts à faire naître des insurrections contre le Gouvernement établi.

Au reste, si l'on avoit des doutes sur cette corruption, qui a tant contribué à désorganiser l'armée Autrichienne, nous allons citer un fait qui fait frémir d'horreur. Nous nous en sommes procuré la preuve, et cette preuve est le témoignage d'un des chapelains de notre propre armée, qui avoit donné tous ses soins et des consolations à un soldat Autrichien mourant dans notre hôpital.

Ce soldat avoit été blessé dans le village de *Marostica*, entre *Bassano* et *Vicence*; et, entr'autres blessures graves, il avoit eu le bras droit coupé d'un coup de sabre. Transporté dans l'hôpital de *Vicence*, il y meurt; mais, quelques heures avant de

mourir, interrogé par le chapelain qui lui avoit donné tous les secours de la religion, comment il avoit perdu son bras.—" Mon père," lui dit le malheureux jeune homme, fondant en larmes, " si le coup
" me fût venu d'un ennemi, j'en serois tout consolé ;
" c'est le sort de la guerre, mais c'est mon propre
" officier qui l'a coupé, et ce souvenir est horrible.

" J'étois soldat d'artillerie, et pour protéger la
" fuite de nos troupes, nous avions placé six pièces
" de campagne dans un lieu avantageux. L'ennemi
" avançoit à grands pas. Quand il fut à portée du
" canon, j'en avertis l'officier, pour qu'il me donnât
" ordre de faire feu : il me dit d'attendre. J'atten-
" dis ; mais l'ennemi touchant presque notre bat-
" terie, et étant sur le point de s'en emparer, je ne
" demande point d'ordre et je mets le feu au canon.
" Au même instant, un coup de sabre m'abat le
" bras. Je me retourne pour voir d'où partoit le
" coup, et je vois mon officier, dont le sabre fumoit
" encore de mon sang ; cet officier étoit major d'ar-
" tillerie. Il a dû être fait prisonnier avec tous mes
" camarades, excepté les deux qui m'ont amené ici."

Pourquoi n'avons-nous pas pu conserver le nom de cet officier assassin, plus coupable encore que celui qui le payoit !

Nous nous sommes arrêtés sur ce fait, pour prouver combien est pure et intacte la gloire de cet homme unique qui répète chaque jour : " C'est par " la force de mon bras, que j'ai opéré toutes ces " choses ; c'est par la sublimité de mes talens *."

Non, ce n'est point par la force de son bras qu'il a gagné tant de batailles ; c'est par des moyens ténébreux et vraiment honteux ; et c'est la bassesse des autres qui a fait sa grandeur.

Son historien même en convient, puisqu'il attribue une grande partie de ses succès à ce qu'il appelle l'*Arme des Proclamations*, arme que Buonaparté, dit-il, manie avec un talent tout particulier.

Nous avons vu que Buonaparté avoit déjà fait une proclamation aux Tyroliens ; mais cette proclamation n'avoit pas réussi. Il crut devoir en faire une seconde ; cette seconde est bien différente de

---

* In robore fortitudinis meæ, et gloriâ decoris mei. *Daniel*, iv. V. 27. Tel étoit le langage de Nabuchodonosor, quelques momens avant que Dieu, pour prix de son insolence, le changeât en bête ; et il fut sept ans au milieu des bêtes et des animaux féroces auxquels il ressembloit ; et figure humaine ne lui fut rendue, dit Daniel, que lorsqu'il eut reconnu qu'il est un Dieu qui sait et peut châtier les insolens.

Gradientes in superbiâ potest humiliare. V. 34,

la première. La première étoit modeste, insinuante, et presque doucereuse. " Il respectoit," disoit-il, " et aimoit tous les peuples ; surtout les simples et " vertueux habitans des montagnes." La seconde est fière, menaçante, pleine d'aigreur. Il avoit, d'abord, pris une peau de mouton, maintenant il va reprendre sa peau de tigre, et mettre son caractère tout à découvert.

" Vous sollicitez la protection de l'armée Fran-
" çoise. Il faut vous en rendre dignes."

Les Tyroliens ne sollicitoient point du tout la protection de l'armée Françoise. Ils savoient trop bien ce que c'étoit que cette *protection* de l'armée Françoise. Ils avoient été instruits par les Italiens combien elle leur avoit coûté de sang et de larmes ; et ils étoient bien plus portés à la repousser qu'à s'en rendre dignes.

" Puisque la majorité d'entre vous est bien-inten-
" tionnée, contraignez ce petit nombre d'hommes
" opiniâtres à se soumettre."

Il est bon d'expliquer ce que Buonaparté entendoit par ces mots, *bien-intentionnés, et opiniâtres*. Les *bien-intentionnés* étoient ceux qui étoient disposés à se soulever en sa faveur contre leur Souverain légitime. Il dit que c'est le grand nombre ; et en cela il ment. Les *opiniâtres* étoient ceux qui, pleins d'honneur et pleins d'amour pour leur patrie, avoient pris les armes pour la défendre. Il dit que c'est le petit nombre, et en cela il ment encore. Car ces *opiniâtres* consistoient dans toute la jeunesse Tyrolienne, qui s'étoit levée en masse; jeunesse nombreuse et formidable, qui, malgré toutes les menaces de Buonaparté, s'est toujours défendue avec intrépidité, et est même parvenue à détruire toute une colonne Françoise de vingt-cinq mille hommes commandée par Joubert. Lisez la suite de la proclamation : tout en est curieux.

" Vous voulez la paix : les François combattent
" pour elle."

C'étoit donc l'amour de la paix qui avoit attiré les François en Italie, où ils n'avoient point été appelés ni provoqués par aucun genre d'hostilité; et où ils ont eux-mêmes exercé tous les genres d'hostilité, même envers *leurs amis et alliés*. Non, ce n'étoit pas l'amour de la paix qui avoit conduit Buonaparté dans ce pays tranquille et heureux; et si ce n'étoit pas la soif du sang, c'étoit au moins l'amour du butin, et il l'a bien prouvé depuis le commencement de la campagne jusqu'à la fin. Aucune invasion des Gaulois, du temps des Romains, n'a été marquée par une plus grande et plus insatiable avidité de richesses et de pillage.

" Nous ne venons pas ici pour nous aggrandir."

A qui croyoit-il donc en imposer ? Et qui n'a pas vu, dès les premiers momens, que les François n'étoient pas venus en Italie, seulement comme dévastateurs, mais encore comme conquérans ; et que Buonaparté lui-même y avoit jeté les premiers fondemens de cette République Cisalpine, formée des dépouilles de l'Empereur, du Pape, et de l'Etat Vénitien ; République, qui, ensuite, est devenue entre ses mains un Royaume, dont il se dit le maître ? Buonaparté, disant qu'il ne vouloit pas s'aggrandir, étoit aussi sincère que les premiers auteurs de la Révolution, qui assuroient ne vouloir jamais faire de conquêtes, et qui pourtant avoient envahi une partie de l'Europe.

" La nature a placé nos limites au Rhin et aux Alpes." Voilà comme parloit en 1796, Buonaparté, alors Général Républicain : mais Buonaparté, devenu Premier-Consul, a parlé un langage tout différent ; il s'est emparé du Piémont et de plusieurs autres Etats d'Italie, et il a annoncé des prétentions qui étoient de nature à effrayer toute l'Europe ; mais ces prétentions n'étoient encore rien en comparaison de celles de Buonaparté Empereur. Il renverse à son gré les trônes, il en érige, il en déplace toutes les limites, il les resserre ou les étend, il a déjà couronné cinq ou six de ses parens; et depuis la Russie jusqu'à Naples, les Souverains n'existent que par sa permission; et qui peut calculer jusqu'où s'étendront tous les bouleversemens qu'il se propose encore de faire! Il ne veut plus pour la France dès limites fixées par la nature; il ne veut même plus des limites de l'Europe, pour celles de ses Etats. Ce n'est plus une simple ambition; c'est une fureur, c'est une rage de subversion, c'est une véritable frénésie qui s'étendra sur tout le globe, si Dieu ne lui marque promptement l'endroit où il devra échouer et se briser.

" Ce n'est pas quelques ennemis de plus que
" peuvent redouter les vainqueurs des Alpes et
" de l'Italie; c'est quelques victimes de moins, que
" ma générosité m'ordonne de chercher à épar-
" gner."

Jamais le mot *générosité* n'a été plus mal appliqué. La genérosité envers des ennemis consiste à les bien traiter quand ils sont vaincus, à adoucir pour eux les droits sévères de la guerre. Mais ce n'est point là du tout la générosité de Buonaparté envers les Tyroliens. Lisez les dispositions suivantes, et vous verrez que, bien loin d'y avoir générosité dans sa conduite, il n'y avoit pas même humanité.

" Les Communes, dont les compagnies Tyro-
" liennes ne seroient pas rentrées à notre arrivée,
" seront INCENDIÉES ; les habitans seront pris en
" ôtages, et envoyés en France. Les Syndics
" donneront à l'heure même la note de ceux de ces
" habitans qui seroient à la solde de l'Empereur ;
" et s'ils font partie des compagnies Tyroliennes,
" on INCENDIERA, SUR-LE-CHAMP, LEURS MAISONS,
" ET ON ARRÊTERA LEURS PARENS JUSQU'AU TROI-
" SIÈME DEGRÉ.

" Tout Tyrolien faisant partie des compagnies
" franches, pris les armes à la main, sera sur-le-
" champ FUSILLÉ."

On demandera, maintenant, quel étoit donc le crime de ces compagnies de Tyroliens contre lesquels Buonaparté prend des précautions si cruelles, et à qui il prépare des châtimens si effrayans, l'incendie, la fusillade, l'arrestation des parens jusqu'au troisième degré, &c. &c. et on sera fort étonné quand on saura que ces Tyroliens étoient des soldats qui défendoient leur pays contre une aggression extérieure. Ils remplissoient un double devoir, celui de combattre pour leur Souverain, et celui que leur imposoit la constitution particulière du Tyrol, par laquelle ils devoient se lever en masse, quand ils étoient menacés de l'invasion d'un ennemi. Ces hommes méritoient bien plutôt des récompenses que des châtimens, et un ennemi vraiment *généreux* les eût bien plutôt admirés que punis.

Cependant, il faut encore savoir gré à Buonaparté de s'être borné à menacer de peines cruelles des soldats qui vouloient combattre pour leur Prince et leur pays, lui qui a porté les choses jusqu'à forcer par des traitemens barbares les propres sujets de l'Empereur à se battre contre leur maître. Ce n'est point une fable que nous racontons ; c'est un événement incontestable et bien connu.

Buonaparté se fut à peine emparé du Milanès, qu'il arracha les paysans à leur charrue, les ouvriers à leur boutique, et les força de marcher à la tête de ses colonnes contre les troupes Impériales. Comment s'y prenoit-il pour les faire avancer ? Il faisoit marcher derrière eux des canons, avec ordre d'y mettre le feu, s'ils essayoient de fuir, ou s'ils refusoient d'avancer. Ces malheureux étoient donc sûrs d'être tués, ou par les coups de leurs amis, ou par ceux de leurs ennemis ; et ce fait n'est point tiré de la vie de Caligula ou de Neron, mais de celle de Buonaparté.

## ARRIVÉE D'UNE NOUVELLE ARMÉE AUTRICHIENNE, COMMANDÉE PAR ALVINZI, QUI PASSE LA RIVIÈRE DE LA PIAVE.

Déjà deux armées Autrichiennes avoient à peu près disparu, et les débris de la seconde se trouvoient enfermés à *Mantoue.* La Cour de Vienne se détermina à en envoyer une troisième, commandée par le Général Alvinzi. Il est permis de dire que ce troisième Général n'étoit pas comparable aux deux autres. Beaulieu s'étoit retiré avec toute sa gloire, ayant fait une résistance vigoureuse avec une petite armée contre une armée très-forte ; et s'il a éprouvé des échecs, ces échecs étoient plus glorieux que les victoires de Buonaparté. Wurmser avoit aussi soutenu l'honneur des armes Autrichiennes. Il avoit déployé sagesse et courage, et si son armée n'eût pas été désorganisée par la corruption, il eût donné à Buonaparté de grandes leçons. Mais il fut obligé de faire une retraite précipitée, et d'aller chercher sûreté dans une place forte. Il eut beaucoup d'obstacles à vaincre pour y arriver ; il étoit poursuivi par une armée supérieure, à laquelle il falloit livrer de fréquens combats. Il sut triompher de tous les obstacles, il entra dans *Mantoue*, et y fit une belle défense.

Alvinzi arrive en Italie avec une armée d'environ quarante mille hommes ; il donne ordre à Davidowick, qui commandoit une colonne, d'attaquer les François dans le Tyrol, et, après les en avoir chassés, de se porter du côté de *Vérone*. Le reste de l'armée devoit passer la Piave, et attaquer également les François à la Brenta.

La division de Massena devoit disputer le passage de la Piave, mais ses efforts furent inutiles. Alvinzi envoya une colonne qui passa cette rivière, dans un lieu que Massena n'avoit point soupçonné ; et celui-ci fut forcé de se retirer à la Brenta, où il se réunit aux quatre divisions que Buonaparté y avoit portées de *Vérone*. Les Autrichiens, de leur côté, y arrivèrent le lendemain, 5 de Novembre. A peine les deux armées furent-elles en présence, qu'il s'engagea entre elles un combat très-vif sur tous les points. Ce combat commença à la pointe du jour, et ne finit qu'à deux ou trois heures après midi.

Il faut voir le Rapport que Buonaparté fait de cette action, sous le titre de *Combat de Caldero*.

" Instruit que l'ennemi avoit passé la Piave, je
" pars avec la division d'Augereau; nous nous
" joignons à *Vicence* avec la division de Massena,
" et nous marchons au-devant de l'ennemi qui
" avoit passé la Brenta. Il falloit étonner comme
" la foudre, et balayer, dès son premier pas, l'enne-
" mi. La journée fut vive, chaude, et sanglante.
" L'avantage fut à nous : l'ennemi repassa la Bren-
" ta, et le champ de bataille nous resta."

Il étoit assurément impossible de prendre un ton plus vainqueur. Buonaparté lui-même ne s'étoit jamais exprimé avec plus d'emphase en parlant de ses victoires. Mais le fait étoit qu'il avoit été battu, complettement battu; il l'avoit été sur tous les points; dans les environs de *Bassano*, à *Marostica*, à *Caldero*, et dans le voisinage de *Vicence*. Cet homme qui *avoit étonné comme la foudre, et balayé l'ennemi,* avoit été vaincu, et vaincu avec une très-grosse perte en tués, en blessés, en prisonniers; et toute son armée fut vue au déclin du soleil, près de *Vicence* où elle repassa en pleine déroute, ayant à ses trousses l'ennemi qui ne lui laissoit point de relâche. Il faut pourtant une hardiesse bien décidée, disons mieux, une impudence rare, pour dire après une pareille défaite : " L'avantage fut à nous, " le champ de bataille nous resta."

Notez pourtant qu'il convient lui-même, indirectement, de son désastre, puisqu'il avoue que malgré l'avantage de cette journée, il a été forcé de se retirer à *Vérone*, et que ses divisions qui étoient dans le Tyrol avoient été contraintes par le Général Davidowick de l'abandonner, et de reprendre les positions de *Rivoli* et de *Corona*.

Mais pour dissiper tout doute sur ce point, nous allons citer une anecdote qui nous a été attestée par la plupart des habitans de *Vicence* : nous aimons à citer ces sortes d'anecdotes, lorsqu'elles sont certaines, parce qu'elles servent à faire connoître le vrai caractère de l'homme qui joue aujourd'hui un si grand rôle, et qu'elles montrent quel degré de confiance il faut avoir dans ses bulletins.

" Deux jours avant la bataille dont nous parlons, Buonaparté avoit passé à *Vicence*, et la Noblesse étant allée le complimenter, il lui avoit dit très-publiquement, qu'il alloit avec son armée conquérir *Trieste*. Alvinzi ayant prodigieusement dérangé ses projets, il fut obligé de repasser par cette même ville de *Vicence*, bien plutôt qu'il n'avoit cru, et dans une attitude fâcheuse. Le peuple s'étant réuni pour le voir passer; beaucoup d'enfans se mettent à crier : " Soyez le bien revenu de *Trieste*, " Seigneur Buonaparté."

Celui-ci prit ce cri pour une insulte publique, il s'en tint très-offensé ; et ayant demandé qu'on lui envoyât des députés, il leur dit d'un ton menaçant, que l'insulte qu'il venoit de recevoir par l'insolence de leurs enfans pouvoit attirer sur leur ville le châtiment le plus éclatant ; et que s'ils ne les réprimoient pas, il alloit y faire mettre le feu. Quel épouvantable langage! menacer de brûler une ville, parce que des enfans ont tenu un propos inconsidéré, dont ils ne sentoient pas la portée, et qu'il avoit provoqué par sa ridicule jactance!

Les noms de ces députés me sont bien connus, et c'est d'eux que je tiens l'anecdote. L'un d'entr'eux, plus hardi que les autres, eut le courage de lui répondre.

" Si vous vouliez, Seigneur Général, tenter une
" vengeance aussi injuste envers cette ville, à la-
" quelle vous et votre armée avez de si grandes
" obligations, nous ferions sonner le tocsin dans nos

"  églises, et, en peu d'instants, cinquante mille
"  paysans, qui vous détestent, seroient réunis, et
"  vous seriez exterminés en moins d'une heure."

Buonaparté, que cette réponse troubla et surprit, changea de ton ; mais, intérieurement, il jura de s'en venger. Effectivement, peu de temps après, il le condamna à mort, le fit charger de chaînes, et conduire au Général Miollis, qui devoit faire exécuter cette terrible sentence. Heureusement, la femme de cet homme de bien détourna le coup ; elle se jeta aux pieds du Général Miollis, l'attendrit par ses prières et par ses larmes, et sauva ainsi à son mari la liberté et la vie. Nous l'avons connu particulièrement cet homme véridique et ferme : nous étions même unis ensemble par les liens de l'amitié.

### BATAILLE D'ARCOLE.

La bataille d'*Arcole* a été la plus longue et la plus opiniâtre qui se soit livrée entre les François et les Autrichiens, puisqu'elle a duré trois jours presque entiers, sans autre repos que celui de la nuit. Elle commença le 15 de Novembre à la pointe du jour, et ne finit que le 17 au soir.

Alvinzi avoit partagé son armée en deux divisions égales. L'une étoit postée sur la grande route de *Vicence* à *Vérone*; l'autre étoit allée à *Arcole*, et y avoit pris d'excellentes positions. Chacun de ces deux corps ne montoit pas au-dessus de quinze mille hommes.

Pendant la nuit du 14 au 15 de Novembre, Buonaparté fit établir un pont de bateaux sur l'Adige à *Ronco*, et ayant fait passer toute son armée, il se présenta, le 15 au matin, à *Arcole*, devant l'ennemi, de très-bonne heure. Mais, pour arriver aux retranchemens des Autrichiens, il falloit passer un autre petit pont, qui fut vigoureusement défendu. Tous les efforts des François échouèrent, et chaque attaque de leur part fut repoussée par un feu terrible, avec une perte énorme en tués et blessés. Leurs colonnes furent si épouvantées, que Buonaparté convient, dans son Rapport, qu'il fallut, pour les ranimer, avoir recours au même stratagême qui avoit si bien réussi à *Lodi*.

Augereau voyant que ces fiers républicains étoient tout à fait déconcertés par le feu ennemi, prit en main l'étendard de la liberté, et le porta jusqu'à l'extrêmité du pont, où il resta plusieurs minutes, sans produire l'effet qu'il désiroit. Ce fait est attesté par l'historien de la Campagne d'Italie, et par une lettre du Général Berthier. L'un et l'autre ajoutent que ce grand trait d'intrépidité n'ayant point réussi, Buonaparté lui-même eut recours au même stratagême qui eut entre ses mains un plein succès. Ecoutons ce qu'il dit dans son Rapport.

" Je m'y portai moi-même; je demandai aux
" soldats s'ils étoient encore les vainqueurs de *Lodi*.
" Ma présence produisit sur les troupes un mouve-
" ment qui me décida encore à *tenter le passage du*
" *pont*."

Nous devons lui savoir gré de s'être borné à dire qu'il avoit *tenté le passage du pont*, puisque très-certainement il ne l'a point emporté. Cet hommage rendu à la vérité a dû lui coûter.

Il convient même, et on peut l'en croire, " qu'il
" fallut renoncer à forcer le village de front, et at-
" tendre qu'une colonne commandée par le Géné-
" ral Guieux fût arrivée."

C'est convenir, malgré lui, que la terrible colonne de *Lodi* se démentit ce jour-là : mais, au moins, a-t-il eu la consolation d'être encore ce jour-là le véritable héros de *Lodi*.

Que diroit-il pourtant, si nous lui contestions même ce trait de bravoure dont il se vante. Nous avons assisté à cette bataille : nous y avons vu très-distinctement un officier François qui s'avançoit seul sur le pont, un étendard à la main. Nous y avons vu le Général Alvinzi, convaincu que c'étoit un officier parlementaire, donner ordre de cesser le feu ; mais nous ne nous rappelons en aucune manière avoir vu un second officier marcher sur les traces du premier. C'étoit pourtant un fait assez public, et de nature à être remarqué. Ce fait est d'autant moins croyable, que l'artillerie Autrichienne, qui avoit respecté le premier officier qu'on croyoit parlementaire, n'eût probablement pas respecté le second, qui eût payé de sa tête sa témérité.

Voilà ce qui regarde le premier jour de la bataille. La nuit survint, et les deux armées, fatiguées d'une journée qui avoit été pénible et chaude, se reposèrent chacune de leur côté.

Buonaparté dit que, dans la nuit du 15 au 16, arriva le Général Guieux à la tête de deux mille hommes, par le chemin d'*Albaredo* à *Arcole*, dont il se rendit maître ; qu'il y prit quatre pièces de canon, et qu'il y fit plusieurs centaines de prisonniers. C'est une fausseté, puisque nous n'avons abandonné *Arcole* que le 17 au soir. Il dit encore que, pendant ce temps-là, Massena attaquoit une division qu'Alvinzi faisoit filer de son Quartier-Général, sur la gauche de son armée. C'est une seconde fausseté; puisque, durant les trois jours que dura la bataille, Alvinzi n'a fait arriver aucunes troupes fraîches. Il le devoit, et il le pouvoit, dès le second jour, puisque la moitié de son armée, placée sur la grande route de *Vicence* à *Vérone*, n'eut à essuyer aucune attaque. Il le devoit surtout, le troisième jour, et nous nous y attendions; et tout autre Général que lui l'eût fait. Nous n'eumes pendant les trois jours absolument aucun renfort, pour remplir le vide qu'avoient fait parmi nous les combats antérieurs; et pourtant, nous montrâmes à Buonaparté et à ses républicains, que nos soldats étoient les mêmes que l'Archiduc *Charles* étoit accoutumé à conduire à la victoire.

Le 16, ce petit pont dont nous avons parlé fut encore attaqué, et ne put être emporté. Les François revinrent deux ou trois fois à la charge, ils réussirent même à le passer; mais ils le repassèrent très-promptement, et avec une perte très-considérable.

Ils ne furent pas plus heureux, le 17, quoiqu'en disent Buonaparté et le Général Berthier. Ils se vantent d'une victoire éclatante, qui a été pour nous une grande défaite. Sur quoi s'appuyent-ils ? Sur l'ordre qu'Alvinzi donna, le 17 au soir, à son armée, de quitter ses positions d'*Arcole*, et de se retirer vers *Vicence*.

Il est certain que cet ordre fut donné ; mais il est encore certain que cet ordre étonna toute l'armée. On se demandoit pourquoi il avoit été donné, et personne n'en devinoit la cause. Alvinzi s'aperçut de l'impression fâcheuse qu'avoit fait un pareil ordre ; et, le lendemain, il fit répandre dans l'armée le bruit qu'il avoit été instruit que Davidowick avoit été battu et forcé de se retirer dans le Tyrol Allemand. Le même jour, 18, ce bruit fut démenti ; et, le 19, Alvinzi reprit toutes ses positions d'*Arcole*, sans aucune opposition de la part des François, qui, tout victorieux qu'ils se disoient, avoient repassé l'Adige, et s'étoient repliés vers *Vérone*.

Buonaparté termine son récit de la bataille d'*Arcole* en disant qu'il nous a fait poursuivre par sa cavalerie jusqu'à *Vicence*, tandis que lui, avec le reste de son armée, étoit allé à la rencontre de Davidowick. Il se garda bien de nous faire poursuivre : il se trouvoit trop heureux d'être échappé, par la retraite inopinée d'Alvinzi, au danger prochain où il se trouvoit d'être enveloppé, si Davidowick, qui avoit vaincu Vaubois, et l'avoit chassé du Tyrol, fût venu, comme il le pouvoit facilement, tomber sur les derrières de l'armée de Buonaparté.

C'est donc avec raison que nous accusons le Général Alvinzi. Non, il n'a pas fait son devoir de Général, celui qui, dans un si long combat, ou plutôt, pendant une suite de combats, n'a pas fait soutenir son armée par des troupes fraîches, qu'il pouvoit facilement faire arriver. Bien moins a-t-il fait son devoir de Général, celui qui, après une résistance heureuse de trois jours, a quitté, sous un vain prétexte, le champ de bataille, et a semblé céder à un ennemi battu les honneurs de la victoire.

Mais nous avons un fait bien plus grave à alléguer contre Alvinzi. Deux jours après, c'est-à-dire, le 20 Novembre, il apprend par une voie sûre, que Buonaparté s'est porté à la rencontre de Davidowick, et qu'il n'a laissé dans *Vérone* qu'une foible garnison de trois mille hommes; que cette ville étoit pleine des blessés de la bataille d'*Arcole*; que les églises ne suffisoient pas pour les contenir, qu'on en avoit mis un ou deux dans chaque maison particulière, et que les habitans s'attendoient à une escalade pour la nuit suivante. Tous ces faits avoient été attestés par trois religieux Capucins, qui étoient sortis de la ville, avoient été arrêtés aux avant-postes des Autrichiens, et conduits au Général. Celui-ci les avoit vus, interrogés, et avoit appris ces détails importans.

Cette nouvelle se répandit à l'instant dans toute l'armée, et nous ne doutâmes pas que l'escalade n'eût lieu, d'autant plus que tous les préparatifs en étoient faits. En effet, arrive, vers les deux heures de la nuit, l'ordre du Quartier Général, que nous eussions à décamper sur-le-champ, et à passer en toute diligence sur la grande route de *Vérone*. Grande joie dans toute l'armée; on se flatte que, dans peu d'heures, on sera en possession de cette belle ville.

Mais quelle fut la surprise de tous, et la rage de plusieurs, lorsqu'étant arrivés au milieu de la route, nous y trouvâmes le Général Alvinzi à cheval, qui nous ordonna de rétrograder vers *Vicence !* J'ai vu un colonel prendre alors son épée avec fureur, la casser en trois morceaux, protestant qu'il ne vouloit plus servir dans une armée que son Général en Chef déshonoroit; les mêmes sentimens furent manifestés par plusieurs autres.

Nous nous retirâmes donc vers la Brenta, et

depuis le 21 de Novembre jusqu'au 15 de Janvier, 1797, l'ennemi nous y laissa parfaitement tranquilles. C'est pendant cet intervalle, que j'ai eu lieu de voir à *Bassano*, à *Padoue*, à *Vicence*, une quantité de lettres écrites par des citoyens de *Vérone*. Toutes confirmoient le récit des Pères Capucins : toutes disoient qu'on n'avoit jamais pu concevoir, dans cette ville, comment l'armée Autrichienne s'étoit retirée, et n'avoit pas fait un coup de main dont le succès étoit infaillible.

Nous ne finirons pas ce chapitre sans parler d'un fait rapporté par Berthier. Il dit, en parlant de la bataille d'*Arcole*, que *Buonaparté fut renversé avec son cheval dans un marais, d'où il se retira avec peine, étant sous le feu de l'ennemi.* Berthier a oublié quelques circonstances qu'il est bon de connoître : et ces circonstances ont été publiées à *Vicence* par beaucoup d'officiers François ; et ce récit m'a été transmis fidèlement par plusieurs habitans de *Vicence*.

L'armée Françoise avoit passé le petit pont qui conduisoit à *Arcole*, et s'étant trop approchée de nos retranchemens, elle eut à essuyer une grêle de balles et de boulets vraiment effrayante. L'effroi fut augmenté par la sortie d'une partie de nos troupes qui se mirent à poursuivre les François.

Buonaparté fut enveloppé dans la fuite générale. L'âme du *héros* est quelquefois accessible à la peur ; Buonaparté repassa le pont au très-grand galop, et, malheureusement pour lui, son cheval tomba dans un marais. Sa position étoit très-critique ; il pouvoit facilement être tué ou pris.

A quoi donc a tenu peut-être la tranquillité de toute l'Europe ? Un Nègre fut le seul soldat qui vola au secours de son Général, et il parvint à le délivrer. Nous ne parlons pas de la reconnoissance que nous devons à ce Nègre* ; nous parlons seulement de celle que Buonaparté eut pour lui ; il le fit sur-le-champ, capitaine de cavalerie. On le fit reconnoître comme tel aux officiers François ; et interrogé par eux, il leur fit le récit que nous venons de rapporter.

### BATAILLE DE RIVOLI.

Cette bataille sera la dernière que nous examinerons : c'est aussi une de celles qui méritent une attention particulière, soit par la nature des événe-

---

* Ce Nègre étoit à *Rome* domestique d'un Cardinal ; il quitta son maître pour s'enrôler dans les bataillons Républicains. Il y avoit aussi dans l'armée de Buonaparté un ex-Capucin, capitaine de cavalerie, et qui avoit conservé la barbe de Capucin.

mens qui sont vraiment étranges, soit par les conséquences terribles qu'elle a eues, et par les coups funestes qu'elle a portés tant à l'Italie qu'à l'Autriche. Dans cette bataille, Alvinzi tenoit en main la victoire, et il l'a laissé échapper, ou volontairement, ou très-imprudemment. Dans cette même bataille, Buonaparté a été à deux doigts de sa perte; il a eu toute l'inquiétude et toute la crainte d'une défaite: et quelques momens après, sa crainte s'est changée en insolence, sa douleur en allégresse, et de vaincu il est devenu vainqueur. C'est un de ces faits qui sont nouveaux dans l'histoire, et qu'on n'a pu trouver que dans la Révolution Françoise.

Ce fut le 15 ou le 16 de Janvier que se donna cette fameuse bataille. Le combat commença entre notre gauche et la droite de Buonaparté, sur les hauteurs de *San Marco*. On se battit de part et d'autre avec un incroyable acharnement; enfin, au bout de deux heures, l'aîle ennemie fut contrainte d'abandonner en toute hâte le champ de bataille, laissant aux Autrichiens deux mille prisonniers et presque tous ses canons de campagne, outre une grande quantité de morts et de blessés. Alors, nous nous portâmes sur tous les points de la ligne, et l'attaque devint générale. Pendant que l'action s'échauffoit de plus en plus, Alvinzi fit une manœuvre habile et d'un grand Général. Il envoya une colonne qui, passant par des chemins très-montagneux entre l'Adige et le Lac de *Guarda,* devoit tomber inopinément sur les derrières de l'armée Françoise. Cette colonne étoit commandée par un officier brave et expérimenté, ce même Provera qui, au commencement de la campagne d'Italie, avoit défendu avec intrépidité le vieux château de *Cosseira.* La commission fut exécutée avec un plein succès.

Provera, ayant battu à *Bevillacqua* les deux divisions des Généraux Guieux et Augereau, et après leur avoir fait plus de quinze cents prisonniers, se présenta sur les bords de l'Adige, du côté d'*Anguiari,* avec la moitié seulement de sa colonne. Le passage de l'Adige étant défendu de ce côté-là par une artillerie considérable, Provera se contenta, durant le reste du jour, d'amuser l'ennemi, en faisant d'inutiles efforts pour jeter sur ce fleuve un pont de bateaux, et l'on se canonna jusqu'à la nuit. Mais, la nuit une fois venue, il fit passer l'Adige à l'autre moitié de sa colonne, à environ cinq milles d'*Anguiari;* et de cette manière il trompa l'ennemi, qui se replia promptement vers *Roverbella,* et fut poursuivi par les Autrichiens.

Voilà donc alors notre héros totalement enveloppé, et sans aucun moyen de retraite.

Buonaparté n'en veut pas convenir. " La co-
" lonne ennemie;" dit-il, " qui étoit déjà depuis
" long-temps en marche pour nous tourner et nous
" couper toute retraite, fut mise sur-le-champ en
" déroute."

Berthier, bien plus sincère que Buonaparté, s'explique ainsi. " L'ennemi avoit fait marcher un
" corps de quatre mille hommes, qui se trouvoient
" en bataille derrière *Rivoli*, et couronnoient toutes
" les crêtes entre l'Adige et le Lac de *Guarda ;* de
" manière que nous étions entièrement tournés
" par ce corps, et toute communication coupée
" entre *Vérone* et *Peschiera.*"

Ce fait est si vrai, que Buonaparté se voyant dans
cette position fâcheuse, à laquelle il ne s'étoit nullement attendu, ne vit plus d'autre parti à prendre
que de demander à Alvinzi une heure d'armistice,
sous prétexte que ce temps pourroit lui servir à faire
les propositions d'une capitulation. Une pareille demande est toujours une preuve d'embarras et de
foiblesse ; c'est un aveu très-direct qu'on ne peut
plus résister, et cet aveu devoit avoir coûté à Buonaparté beaucoup plus qu'à tout autre ; lui qui jus-
ques-là avoit toujours voulu passer pour invincible.
Une pareille proposition ne paroît pas de nature à

être acceptée. Le Général qui l'accorde, compromet et son armée, et l'honneur de son Souverain, et sa propre gloire. Il s'expose à voir échapper la victoire, et c'est ce qui arriva à Alvinzi. Il n'avoit qu'une seule réponse à faire ; c'étoit de faire poser les armes à l'armée Françoise, et de demander qu'elle se rendît à discrétion : c'étoit à quoi s'attendoit toute l'armée Autrichienne. Les soldats même élevoient la voix, et crioient de toutes parts: " *Nous* " *les tenons, nous les tenons.*

Alvinzi, contre ce désir général, bien manifesté, accorda l'armistice d'une heure. Dans ce court espace de temps, un Aide de Camp de Buonaparté étoit venu parlementer avec Alvinzi. Au retour de cet officier, Buonaparté, un quart d'heure avant que l'armistice ne fût expiré, fait attaquer à l'improviste les Autrichiens qui étoient encore livrés au repos ; et, en un instant, les choses changent tellement de face, que nous sommes nous-mêmes enveloppés, et la victoire, dont nous nous tenions bien assurés, passe subitement sous les drapeaux François.

L'opinion générale de notre armée, opinion fondée sur toutes les apparences, fut qu'Alvinzi avoit trahi. Cette opinion retentit jusqu'à Vienne : il fut rappelé ; tout le monde s'attendoit à ce qu'il alloit perdre la tête sur un échafaud. Il faut qu'il ait été reconnu bien innocent, puisqu'il fut fait Président du Conseil de Guerre; et de là il a passé à la place très-honorable de Commmandant Général de toute la Hongrie.

On conçoit en quels termes triomphans Buonaparté parle de cette victoire étonnante, inattendue; lui, qui n'est modeste dans aucun de ses Rapports, lui qui est exagéré dans tous, lui, qui parlant de ses victoires, ne trouve jamais d'expressions assez grandes pour peindre ses exploits. Que doit-il dire de la bataille de *Rivoli*, qui a porté les derniers coups à l'armée Autrichienne; qui a ôté à *Mantoue* l'espoir d'être secourue, et l'a forcée à capituler; qui a assuré aux François l'empire de l'Italie, et leur a ouvert la route de Vienne. Aussi, Buonaparté ne peut plus contenir sa joie,; il assure : " Avoir enchaîné la " victoire aux drapeaux tricolores.... Il a battu " l'ennemi sur tous les points. La perte des Autri- " chiens a été incalculable : le Général Alvinzi, " presque seul, a eu beaucoup de peine à se sauver."

On ne peut nier que la fin de cette bataille n'ait été affreuse pour Alvinzi, qui, au commencement, avoit été vainqueur avec gloire. Mais on ne peut nier non plus, que Buonaparté, en faveur de qui la victoire s'est déclarée à la fin, avoit été bien battu au commencement; qu'il avoit été tourné et enveloppé; et que, sans une ruse qui lui a réussi, lui et son armée étoient ou pris ou exterminés.

Nous sommes fatigués de relever ces Rapports; mais comment laisser passer cette phrase: *Tous les bataillons des Volontaires de Vienne ont été faits prisonniers.* Tous ces bataillons de Volontaires se réduisoient à un seul, et Buonaparté ne pouvoit l'ignorer. Mais il veut donner à entendre qu'il a combattu de très-grandes forces; et que, par conséquent, il n'y a eu chez lui d'autre supériorité que celle du courage et du talent. Il ne tient pas à lui qu'on ne croie qu'Alvinzi avoit reçu une armée nouvelle. Il comparoit l'armée d'Autriche au *Tonneau des Danaïdes, que lui, Buonaparté, ne cessoit d'épuiser, et que l'Autriche ne se lassoit pas de remplir.*

Voudroit-il persuader qu'il avoit une armée indestructible, tandis que celle de l'Empereur se consumoit sans cesse? Voudroit-il qu'on crût qu'il ne renforçoit jamais son armée, tandis que l'Empereur renforçoit toujours la sienne? Mais qui ne sait qu'il avoit toujours une forte armée de réserve, qui, pour remplacer le vide occasionné par les batailles, se grossissoit sans cesse de nouveaux renforts qu'on voyoit sans cesse passer de la Provence vers *Nice*, et du Dauphiné vers la Savoye.

Buonaparté étoit la créature du Directoire ; et ce Directoire a prouvé à toute la terre, qu'il ne ménageoit pas plus le sang des hommes que leur liberté et leur fortune.

On sera peut-être curieux de savoir ce que devint ce brave Général Provera, qui s'étoit si fort distingué à *Rivoli*. Il se porta vers *Mantoue*, malgré les efforts qu'on fit pour l'en empêcher. Il ne put arriver à cette place qu'il vouloit ravitailler. Il fut obligé de s'arrêter à *San Georgio*, ville voisine, où commandoit le Général François Miollis. Là il se vit enveloppé de toutes parts ; mais il se battit en héros, et il ne se fût jamais rendu, si on ne lui eût fait une capitulation honorable. Buonaparté, qui le connoissoit, ne voulut pas le réduire au désespoir ; et quoiqu'il eût assez de forces pour l'écraser, il ne balança pas à signer une capitulation qui mettoit à couvert l'honneur de Provera ; et cette noble défense fut, en effet, plus glorieuse pour cet intrépide officier, que la victoire de *Rivoli* pour Buonaparté.

L'historien de la Campagne d'Italie fait, à l'occasion de la bataille de *Rivoli*, plusieurs réflexions que nous ne pouvons nous empêcher de relever. Il compare Buonaparté à Louis XIV. et au Maréchal de Saxe ; et dans cette comparaison c'est à Buonaparté qu'il donne la préférence. " Rien, " peut-être, de ce qui se fit alors, n'est véritable- " ment comparable à ce que les François Républi- " cains viennent de faire en Italie."

Comparer Buonaparté dans sa première campagne au Maréchal de Saxe, qui, à douze ans, montoit à l'assaut au siége de Lille, et qui, quarante ans après, gagnoit encore la bataille de Fontenoy ! Le Maréchal de Saxe, dont toute la vie a été un enchaînement de faits illustres, nobles, et glorieux ; lui, dans les actions et les ouvrages duquel les militaires étudient encore et apprennent l'art de la guerre ; lui, qui figurera toujours parmi les plus grands Capitaines, lui comparer un aventurier obscur, qui n'a débuté dans la carrière militaire que par des perfidies, des ravages, et des rapines ; qui n'a respecté aucun des droits des nations, aucune des règles que l'honneur prescrit aux guerriers.

Comparer Buonaparté à Louis XIV dont le nom rappelle la grandeur et la majesté ; ce Prince qui, durant soixante ans, a rempli l'univers du bruit de son nom, qui a imprimé à son siècle un caractère d'immortalité; qui a fait naître, a récompensé des talens de toute espèce ; qui a laissé les plus grands monumens ; qui, à chaque jour de sa vie, n'étoit occupé que de grandes choses ; qui a formé de grands Ministres, de grands Généraux ; qui, durant plus d'un demi-siècle, a tenu d'une main ferme et sage les rênes d'un grand empire ! Louis XIV, qu'on venoit admirer de tous les pays étrangers, et dont le règne forme les plus beaux chapitres de l'Histoire de France! Quelle démence à un écrivain de comparer Buonaparté à un tel homme! C'est comparer la bassesse à la grandeur, la folie à la sagesse, le brigandage à la justice, la barbarie à la politesse, un voleur de grand chemin à un héros. On dit, et l'on dira toujours, le siècle de Louis XIV, et en parlant de ce siècle, on l'admirera. Mais dira-t-on jamais le siècle de Buonaparté? Non, pas plus qu'on ne dit le siècle d'Attila, le siècle de Genseric. On ne parlera de lui et de ses forfaits qu'avec exécration, et chacun le maudira ; et tous feront des vœux, pour qu'il ne reparoisse jamais sur la terre un dévastateur et un brigand qui lui ressemble.

Le même historien fait, à l'occasion de la même bataille, une autre réflexion qui est vraiment inté-

ressante. " Il est à la fois remarquable et déplora-
" ble, qu'à chacun de leurs nouveaux triomphes,
" l'esprit public ait semblé faire un pas en arrière."

Cette réflexion nous a fait le plus grand plaisir, parce qu'elle nous a prouvé que Buonaparté, malgré ses succès en Italie, n'a pas obtenu ce qu'il désiroit et ce qu'il espéroit. Il espéroit que ses conquêtes, ses victoires, inspireroient une certaine ivresse aux François, naturellement avides de gloire ; il espéroit que toutes les bouches alloient publier ses louanges, et toutes les imaginations s'exalter par ses Rapports Officiels, et qu'on le vanteroit autant qu'il se vantoit lui-même. Il s'étoit bien trompé dans son calcul. Ses récits n'inspirèrent ni enthousiasme, ni même reconnoissance. On ne vit dans le Général Buonaparté que l'instrument docile et méprisable d'un Directoire abhorré, un de ces hommes cruels que la Révolution avoit formés et portés sur le théâtre, et qui, pour plaire à ses maîtres féroces et avides, alloit en Italie verser du sang et piller de l'argent. Notre aventurier Corse s'indignoit de cette espèce de froideur générale ; et il ne comprenoit pas que cela dût être ainsi. Il doit le comprendre mieux aujourd'hui, qu'élevé au plus haut faîte des grandeurs, couvert de tous les lauriers, il devroit être l'objet de l'admiration publique ; aujourd'hui qu'il est décoré de tous les titres qui peuvent en imposer ; aujourd'hui qu'il est revêtu d'un pouvoir auquel rien ne résiste ; aujourd'hui qu'il fait trembler toute l'Europe, comme Jupiter, au haut de l'Olympe, faisoit trembler et les dieux et les hommes.

Cuncta supercilio moventis.

Eh bien! malgré sa grandeur actuelle, malgré ses exploits militaires, qui vont toujours en augmentant, malgré l'abaissement de presque tous les Souverains, malgré les couronnes qu'il donne ou enlève, malgré ses cinq cents mille baïonnettes, malgré cette espèce de toute-puissance qui ne paroît plus susceptible d'accroissement, Buonaparté oseroit-il dire que l'esprit public est pour lui ? Oseroit-il dire que les François l'aiment et l'admirent ? Il sait qu'on le craint ; mais qu'on ne l'aime pas. Il sait que tous ses valets le couvrent des éloges les plus fastueux, les plus hyperboliques ; mais le reste de la nation se tait, et ce silence dit beaucoup. Le peuple François sait que les succès et les éloges ne font pas la gloire ; que la véritable gloire ne s'attache qu'à ceux qui honorent l'humanité par des vertus, par des bienfaits et par de grands talens, et qu'elle fuit constamment ces êtres ignobles et malfaisans qui n'existent que pour nuire.

### INVASION DES ÉTATS DU PAPE.

Parmi les actes les plus révoltans qui ont eu lieu durant la campagne d'Italie, le plus injuste peut-être, celui qu'il est impossible de justifier, est l'invasion des Etats du Pape. Il n'y avoit pas même l'apparence d'un prétexte pour lui faire la guerre. C'étoit lui qui étoit l'offensé. On avoit commencé, dès les premiers momens de la Révolution, à le combler d'outrages ; on avoit même brûlé publiquement son effigie à Paris ; et son Ambassadeur, vivement insulté, avoit été réduit à s'échapper avec précipitation, en courant de grands dangers. On ne s'en étoit pas tenu là ; on s'étoit emparé du Comtat Venaissin, et d'Avignon, par des violences inouies, mêlées de cruautés qui font frémir. Si le Pape eût été assez puissant pour déclarer la guerre aux François, il en avoit tous les droits, et toutes les raisons possibles. Mais l'amour de la paix étoit dans son cœur ; et malgré les sollicitations que lui firent les autres Puissances, il resta neutre. Il eût pu, malgré sa foiblesse, donner aux François de terribles embarras. Qu'il eût publié contre eux une croisade\*; qu'il eût solennellement déclaré que la Religion appeloit tous les Fidèles aux armes, il eût certainement enflammé tous les esprits, et l'Italie, se levant en masse, en eût imposé aux plus intrépides François. Il ne le fit pas, soit par modération, soit que la vieillesse eût affoibli la vigueur naturelle de son caractère. Quoiqu'il en soit, respectons ses motifs ; il crut peut-être détourner par là l'orage qui menaçoit les peuples, et cet orage n'en fut que plus terrible.

Buonaparté arrive en Italie, et voyant dans Pie VI

---

\* Le mot croisade paroît aujourd'hui décrié : il porte avec lui l'idée de fanatisme. Mais si, en écartant tout préjugé, on veut voir qu'un croisade n'est autre chose qu'une réunion d'hommes qui veulent défendre leurs intérêts les plus chers contre les ennemis de Dieu et des hommes, on en conclura qu'une croisade annoncée par Pie VI contre les brigands dont Buonaparté étoit le représentant et l'agent, eût été un service rendu au genre humain ; et si aujourd'hui encore on faisoit une croisade, oui, dans toute la force du terme, une croisade, contre le tyran et le dévastateur de l'Europe, qui oseroit blâmer une entreprise aussi évidemment et généralement utile ; et ne seroit-il pas bien plus glorieux d'être un de ces Croisés, que d'être dignitaire de la Légion d'Honneur ?

le Souverain désarmé d'un petit Etat, il l'accable de toute sa force; il le traite absolument comme le loup traite l'agneau. Ne lui connoissant point de torts réels, il lui en suppose d'imaginaires; il s'empare, dès le mois de Juillet, 1796, des trois Légations de *Bologne*,, *Ravenne,* et *Ferrare.* Ces trois Légations formoient la plus belle partie des Etats Pontificaux : il en dépouille le Pape, avec qui il n'étoit point en guerre, et qui n'avoit fait, ni voulu faire, aucun acte d'hostilité. Il l'en dépouille avec une violence qu'on n'emploie pas contre un ennemi déclaré. Nous pouvons citer un trait de cette violence, que l'histoire doit recueillir.

A *Ferrare* étoit un Archevêque généralement respecté, le Cardinal Mathei, qui étoit le modèle de tous ses diocésains, et le père de tous les pauvres. Buonaparté entre dans *Ferrare* sans aucun obstacle, trouve cet homme vertueux, l'aborde en fureur, et le menace de le faire fusiller sur-le-champ. Le Cardinal, peu effrayé de cette menace, demande avec tranquillité qu'il lui soit donné un quart-d'heure pour se préparer à la mort. Ce sang-froid déconcerte le Corse furibond, qui, alors, prend un ton plus doux. La vertu a un maintien et un langage qui en imposent aux plus grands coupables. Le

Cardinal ne fut pas fusillé ; et quelques momens après, causant avec le Général Buonaparté, il lui témoigna sa surprise de ce qu'étant en pleine paix avec le Pape, il vînt envahir ses Etats. " Que " voulez-vous," lui dit avec impudence ce chef de voleurs, " nous sommes les plus forts." Il avoit raison ; son unique droit étoit le droit du plus fort. Ce fut en vertu de ce même droit, qu'on obligea le Pape à demander un armistice quoiqu'il ne fût point en guerre, armistice qu'on lui fit payer plus de vingt millions argent de France, c'est-à-dire, plus que tous les Etats Pontificaux ne rendoient à leur Souverain en plusieurs années. On exigea, en outre, qu'il fît le sacrifice des plus beaux monumens des arts que renfermoit l'Italie.

Le Pape sera-t-il tranquille après un pareil sacrifice ? Non ; et dans le mois de Janvier 1797, Buonaparté écrit de *Bologne,* où étoit son Quartier-Général, que l'armistice étoit rompu ; et pourquoi étoit-il rompu ?

" Parce que la Cour de Rome avoit entamé des " négociations hostiles contre la France, avec la " Cour de Vienne."

Le Pape, à la vérité, avoit cru devoir prendre des précautions, pour mettre ses places en état de défense; mais ces mesures tardives, dictées par la prudence, n'étoient assurément pas une déclaration de guerre, surtout de la part d'un Prince dont les vues pacifiques avoient été si clairement manifestées.

Sa Sainteté avoit aussi écrit à la Cour de Vienne, par l'entremise de son Nonce Albani, pour solliciter un traité d'alliance avec l'Empereur; et la lettre avoit été interceptée. Quel étrange délit d'avoir sollicité l'appui d'une grande Puissance, que ses rapports naturels avec Rome, en rendoient le protecteur, puisque l'Empereur juroit, à son sacre, de défendre et protéger l'Eglise de Rome.

Au reste, les délits qu'on reprochoit au Souverain Pontife n'étoient que des prétextes; le véritable motif étoit que PIE VI n'avoit pas voulu révoquer ses Brefs contre la Constitution Civile du Clergé de France. Ce vieillard inébranlable rejeta avec force les propositions qui lui furent faites par le Corse Salicetti, parent régicide de Buonaparté, Commissaire envoyé à Florence pour extorquer à PIE VI une rétractation qui entroit dans les vues impies du Directoire. Le Pontife octogénaire ne céda point: il avoit décidé la vérité, il persista dans la vérité; en dépit des ruses et des menaces de Salicetti, en dépit de la décision du Général des Dominicains,

Quinhones, qui seul avoit osé soutenir que les articles condamnés n'étoient pas repréhensibles\*.

Un autre motif, non moins véritable, des hostilités de Buonaparté, c'est qu'il y avoit de grandes richesses dans les églises de l'Etat Pontifical, surtout à *Lorette* et à *Rome;* c'est qu'il y avoit des monastères riches à dépouiller, des Monts de Piété à ruiner, des Seigneurs opulens à imposer. Buonaparté ne vouloit rien laisser à prendre à ceux qui le suivroient; et il y est parvenu. Il a pillé de toutes parts, de toutes mains, dans les caisses publiques et particulières, dans les maisons, dans les temples; il avoit pris pour modèle le Romain Flaminius envoyé en Grèce par le Sénat, et il l'a surpassé.

On juge bien que le grand fabricateur de proclamations n'a pas manqué d'en faire une toute particulière en entrant dans les Etats du Pape, et il en a fait une encore plus perfide et plus atroce que les autres. Nous allons en examiner les différens articles.

 " L'armée Françoise va entrer sur le territoire du

\* Ce Quinhones justement disgrâcié et renfermé à *Viterbe*, dans un couvent de son ordre, y est mort couvert de honte, et universellement méprisé pour s'être lâchement vendu au Gouvernement François.

" Pape ; elle sera fidèle aux maximes qu'elle pro-
" fesse ; elle protégera la religion et le peuple."

" Elle sera fidèle aux maximes qu'elle professe !"

Nous avons vu dans tout le cours de cet ouvrage quelles étoient les maximes professées par Buonaparté et par son armée. Promettre la liberté, et donner l'esclavage ; assurer les propriétés, et n'en respecter aucune ; annoncer le bonheur général, et inonder le pays de calamités ; jurer amitié, et traiter ses amis comme ses plus cruels ennemis : voilà quelles étoient les maximes de Buonaparté. Il y avoit été fidèle durant tout le cours de sa campagne, et en disant qu'il y seroit encore fidèle, il disoit une chose bien plus propre à consterner les Romains qu'à leur inspirer confiance.

" Elle protégera la religion."—La religion protégée par l'armée de Buonaparté ! Il est aisé de deviner quelle espèce de protection pouvoient donner à la religion catholique des soldats complétement démoralisés, des soldats sans aucun principe et sans aucun frein ; des hommes pour qui l'impiété étoit une habitude, et le blasphême un plaisir.

D'ailleurs, de quelle protection avoit besoin la religion dans les Etats du Pape, Chef lui-même de cette religion, intéressé à la soutenir et à la faire fleurir, et qui, depuis vingt ans de Pontificat, étoit accoutumé à la protéger, et cherchoit à lui donner un nouveau lustre.

Si la religion avoit besoin de protecteurs, c'étoit surtout contre l'armée de Buonaparté et contre le Général lui-même, qui étoient venus en Italie avec l'intention d'y avilir la religion et son Chef. Ils étoient inspirés par le sacrilège Directoire, avoient formé l'horrible projet de renverser à *Rome* le trône Pontifical, comme on avoit renversé à *Paris* le trône des Bourbons.

" L'armée Françoise protégera le peuple!" Le peuple Romain avoit bien plus à redouter qu'à désirer la protection d'une armée. Ce peuple, gouverné par le Pape, étoit vraiment heureux; son Souverain étoit pour lui un père. Il exigeoit peu d'impôts; on vivoit dans ses Etats avec abondance et à peu de frais. Une armée ne pouvoit certainement lui procurer une situation meilleure.

Que signifie donc cette phrase, *elle protégera le peuple !* Cela est très-facile à entendre d'après le langage révolutionnaire. Elle protégera le peuple, c'est-à-dire, cette partie du peuple qui est toujours disposée à remuer dans l'espérance de gagner au changement ; cette partie inquiète, séditieuse, que tout Gouvernement a besoin de surveiller, pour prévenir des émeutes ; cette partie du peuple que Buonaparté avoit gagnée par des promesses, ou par de l'argent, pour en faire des instrumens de révolution, pour les révolter contre leur Prince légitime, pour opprimer tous les hommes vertueux. C'est là la classe d'hommes que Buonaparté a protégée partout, afin d'avoir partout des intelligences et des moyens de subversion ; mais, pour les honnêtes gens, il n'en a jamais été le protecteur, il en a toujours été le persécuteur et quelquefois le bourreau.

Après avoir promis sa protection d'une manière hypocrite et dérisoire, Buonaparté lève le masque et ne parle plus que le langage des menaces : et ce langage lui est bien plus naturel que celui de la douceur. Il parle de feu, de fusillades, et de tout ce qui peut effrayer. Ecoutez.

" Tout village, ou ville, où à l'approche de l'ar-
" mée Françoise on sonnera le tocsin, sera brûlé, et
" les municipaux fusillés."

Cette armée protectrice savoit très-bien qu'on l'avoit partout en horreur : elle craignoit donc tous les rassemblemens comme dirigés toujours contre elle. Alors le son du tocsin devenoit un crime qui dans une ville ne pouvoit être expié que par un incendie général et par le supplice des municipaux.

" La Commune, sur le territoire de laquelle sera
" assassiné un François, sera, sur-le-champ, déclarée
" en état de guerre."

Ce seul article prouve combien étoient haïs les soldats de Buonaparté, puisqu'il étoit obligé de faire une loi terrible contre ceux qui s'opposoient à leur brigandage.

" Les prêtres et religieux seront protégés, s'ils se
" conduisent selon les principes de l'Evangile;
" autrement ils seront traités militairement."

Que signifient ces paroles, *se conduire selon les maximes de l'Evangile ?* Il est bon de savoir, que dans le dictionnaire de Buonaparté, cela signifie, renoncer à la fidélité due à son Souverain, prêcher la révolution, chercher à la propager. Plusieurs prêtres l'ont fait, et ceux-là ont été constamment protégés par Buonaparté. Donc, se conduire contre les maximes de l'Evangile, c'étoit prêcher une inviolable fidélité à son Souverain, porter les peuples à défendre leur patrie et leurs autels, se servir du ministère évangélique pour contenir les peuples dans le devoir. C'est ce qu'avoit fait un grand nombre de prêtres : aussi Buonaparté les regardoit-il comme des fanatiques punissables et indignes de vivre.

Malgré cette effrayante proclamation, les sujets du Pape lui sont restés fidèles ; et, dans plusieurs endroits, ils ont fait une résistance noble et vigoureuse*.

Mais que pouvoit faire un petit nombre de soldats contre une grande armée? Que pouvoient faire des hommes sans expérience dans l'art de la guerre contre des troupes depuis long-temps agguerries? Buonaparté a donc triomphé des Etats du Pape, et il a eu la lâcheté de s'en vanter †. Quoi-

---

* Comme à *Civita Vecchia*, *Viterbe*, et autres lieux. Dans la première de ces villes il n'y avoit point de troupes de ligne ; les fortifications sont foibles, et pourtant les habitans, soutenus par leur courage et par la bonté de leur cause, ont soutenu un siége de près de deux mois, ont fait des sorties glorieuses contre les François, et ont fini par obtenir une capitulation honorable.

† Il s'en est vanté chez les Infidèles qui l'ont méprisé, car il est bon de savoir que cet éternel faiseur de proclamations en a fait aussi en Egypte ; et il ne les a pas faites dans le sens de l'Évangile, mais dans le sens du Koran, dont il se disoit admirateur et sectateur. C'est une vérité qu'il faut répéter souvent, pour faire connoître le plus fourbe des hommes. Il faut ajouter qu'il avoit pris un nom Mahométan ; et que tandis que Menou,

qu'il en soit, ce sera toujours là un des traits les plus honteux de la vie de Buonaparté, et un des traits les plus glorieux de la vie de Pie VI. Celui-ci est grand et admirable dans ses malheurs ; celui-là est vil et méprisable dans ses triomphes. Fils de l'Eglise, il a fait la guerre la plus injuste au Chef de l'Eglise, et son nom est placé tout juste à côté de celui d'Alaric. Il a détrôné Pie VI * ; mais ce Pontife sans trône étoit mille fois au-dessus de Buo-

contempteur affiché de tous les cultes, s'appeloit *Abdallah*, Berthier et Buonaparté avoient pris le nom d'*Omar* et d'*Ali*. Si jamais cet homme fait la guerre dans l'Inde, il y sera très-certainement idolâtre.

\* C'est une chose assez étrange que tous les malheurs de Pie VI doivent être imputés à la famille de Buonaparté.

En 1796, Buonaparté vole au Pape ses trois Légations, et fait avec lui un armistice qui ruine et épuise tout l'Etat Pontifical.

En 1797, il viole cet armistice avec indignité, et fait la guerre au Chef de l'Eglise, avec moins de ménagemens qu'Attila ne la fit à St. Léon.

Peu de temps après, Pie VI est totalement dépouillé, et chassé même de sa ville. Pourquoi ? Parce que Joseph Buonaparté, celui-là même qui souille aujourd'hui le trône de Naples, avoit excité à Rome une sédition par des moyens vils et infâmes, sédition que Pie VI réprima dès sa naissance.

O destinée étrange des hommes ! Ce Joseph, qui ce jour-là eût été légitimement pendu à Rome, est Roi ; et Pie VI est mort naparté placé sur le trône qu'il a usurpé. Il y avoit entre ces deux hommes la différence qu'il y a entre le vice et la vertu, entre la vraie grandeur et la bassesse, entre un Juste persécuté et un Méchant heureux.

Mais pour mieux peindre la perfidie de Buonaparté, et sa profonde hypocrisie, nous dirons qu'ayant appris la mort de Pie VI, il a versé des larmes ; larmes bien moins sincères que celles de César contemplant la tête de Pompée. Il a même demandé que les entrailles de ce martyr fussent apportées en France.

### REDDITION DE MANTOUE.

Nous avons vu que Buonaparté, partant de *Brescia*, vers le milieu de Juin 1796, avoit assuré aux Nobles de cette ville, qu'il seroit maître de *Mantoue* sous huit jours, et qu'il les avoit tous invités à y venir prendre le café, le Dimanche suivant. Il ne put pas tenir sa parole ; la ville résista beaucoup

---

pauvre, en exil ! Napoléon Buonaparté porte le titre d'Empereur et de Roi, et le Prince dont il souille le trône, vit dans l'exil !

Mais " Il existe en haut un juge incorruptible;" disoit Louis XVI, peu de momens avant de monter sur l'échafaud !

plus qu'il ne l'avoit pensé. Il devoit, disoit ce fanfaron, l'emporter avec le sabre et par le seul courage de ses grenadiers ; et il fut pourtant obligé d'y faire venir une grande quantité de grosse artillerie, et il a perdu à ce siége et beaucoup de monde et beaucoup de temps. Les assiégés firent des sorties meurtrières ; leur artillerie le fatigua beaucoup. A cela se joignit la maladie qui fit de grands ravages dans son armée. Il fut obligé de lever le siége, en abandonnant et toute son artillerie et de grands magasins. Mais comme il sentoit l'importance de cette place, il y revint encore, et Wurmser ayant été obligé de s'y renfermer après la bataille de *Rivoli*, Buonaparté poussa encore ce siége avec vigueur. La résistance des Autrichiens fut long-temps invincible ; la garnison supporta avec héroïsme et de continuelles fatigues, et le défaut de vivres, et les maladies. Il est même probable que Wurmser ne se fût point rendu, si, chaque jour, il n'eût vu périr sous ses yeux une multitude des malheureux habitans, victimes de la faim et de l'épidémie.

Mais comment se rendit-il ? Ce fut lui qui dicta les conditions de la capitulation, et il la fit belle et honorable. Buonaparté en fit lecture, et en pesa tous les articles. A la fin, plein de honte et de dépit, il décide qu'elle doit être accordée ; puis, après avoir frappé du pied, il prend la plume et la signe. La brave garnison sort avec tous les honneurs de la guerre : cette capitulation ajouta beaucoup à la gloire de Wurmser, et il faut dire qu'il la mérita autant par son humanité que par son courage*. On a vu avec enthousiasme cette garnison passer en trois divisions dans les Etats de Venise ; tout le peuple couroit au-devant d'elle, et la combloit d'éloges, pour avoir si noblement soutenu l'honneur national.

Nous ne pouvons nous empêcher de faire ici une réflexion qui se présente naturellement.

La malheureuse ville de *Mantoue* a soutenu en moins de quatre ans deux siéges. Le premier commença vers la moitié de Juin, 1796, et ne finit que dans les premiers jours de Février, 1797. Le second

* Il doit être cité, éternellement cité, ce trait d'humanité qu'il exerça envers les Emigrés François. Il y en avoit un assez grand nombre réfugiés dans cette ville ; et le sort qui les attendoit étoit la mort. Une loi barbare les condamnoit à être fusillés. Wurmser demanda qu'il lui fût accordé un certain nombre de chariots couverts, qui sortiroient sans être visités. Ces chariots lui furent accordés ; et ainsi beaucoup de braves gens lui durent la vie. Il est d'autant plus utile de citer ce trait, qu'il n'a été imité par aucun des autres Commandans de places.

commença dans les premiers jours de Juillet, 1799, et se termina avant la fin du même mois. Le premier siége étoit commandé par le Général Buonaparté, et les Autrichiens défendoient la place. Le second étoit commandé par le Général Autrichien Krai, qui étoit sous les ordres du Général Suwaroff, et les François défendoient la place. Qu'est-il arrivé? Le Général Buonaparté, qui se regardoit comme le premier capitaine de l'Europe, resta près de huit mois occupé à ce siége; il ne put jamais entamer la place, y faire la moindre brèche, y causer le moindre dommage. Il s'étoit pourtant vanté sans cesse, depuis le premier jour du siége, de réduire promptement la place. Il se vanta bien plus encore quand la place fut, non pas prise, mais rendue.

Le Général Krai, après trois jours d'une vive canonnade, avoit fait à cette place une brèche considérable; il avoit renversé beaucoup de maisons, et incendié plus de la moitié de la rue Pradella; et les invincibles François ne tinrent pas un mois dans une des plus fortes villes de l'Europe. Nous ne voyons pas que Suwaroff se soit vanté de cette prise, ni d'aucun des grands exploits qu'il a faits durant sa brillante campagne d'Italie. Mais, aussi, quelle différence entre ces deux hommes! La fortune leur a donné à tous deux un sort bien différent; Suwaroff est mort en exil; Buonaparté occupe un trône, et il appelle les François, *son peuple, ses sujets :* mais l'équitable postérité les mettra tous deux à leur vraie place.

### RETRAITE DES AUTRICHIENS COMMANDÉS PAR L'ARCHIDUC CHARLES.—ARMISTICE DE LEOBEN.

Le rappel d'Alvinzi, qui avoit perdu si maladroitement, ou si perfidement, la bataille de *Rivoli*, décida l'Empereur à envoyer l'Archiduc CHARLES pour sauver les débris de l'armée.

Ce fut le quatrième Général Autrichien que Buonaparté eut à combattre dans cette campagne. Ses Rapports Officiels prouvent, qu'il s'est cru, qu'il s'est déclaré bien supérieur à tous les quatre; mais les faits prouvent qu'il leur a été bien inférieur, soit pour la prudence, soit pour les talens.

Si l'on se rappelle tout ce qu'a fait Beaulieu avec une très-petite armée, même lorsqu'il eut été abandonné par les troupes du Roi de Sardaigne, et combien il a su se faire respecter dans sa retraite forcée, on jugera de ce qu'il auroit fait s'il eût eu une armée égale à celle de Buonaparté.

Wurmser remplaça Beaulieu, et développa aussi de vrais talens. Il avoit déjà une réputation acquise, il ne la perdit point en Italie. Il donna des leçons à Buonaparté, et il lui en eût donné de plus fortes, s'il eût eu des forces moins disproportionnées, et, surtout, si Buonaparté n'eût pas employé contre lui le lâche moyen de la corruption. Wurmser, par ces indignes moyens, a éprouvé des revers ; mais des revers ne sont pas toujours des fautes.

Alvinzi lui-même, qu'on a soupçonné, qu'on a accusé, qu'il seroit peut-être difficile de justifier, Alvinzi étoit un bon Général ; et dans cette bataille même où l'on a de si terribles reproches à lui faire, il avoit pris des mesures très-sages, très-militaires, et il avoit enveloppé l'armée de Buonaparté, qui lui demanda très-humblement un armistice qu'Alvinzi lui accorda, au moins très imprudemment.

Après ces trois Généraux arrive l'Archiduc Charles, précédé par une réputation éclatante et bien méritée ; il venoit de se distinguer sur les bords du Rhin, contre le Général Moreau, que l'opinion publique a toujours placé bien au-dessus de Buonaparté.

Pour bien apprécier ce qu'ont fait l'Archiduc Charles et Buonaparté opposés l'un à l'autre, il est nécessaire de voir, d'abord, quelle étoit leur position respective.

Buonaparté conduisoit une armée victorieuse et nombreuse ; il avoit près de quatre-vingt-dix mille hommes. L'armée Autrichienne, ou plutôt les débris de cette armée, consistoient en quinze mille hommes, qui n'avoient de subsistance que pour très-peu de jours. Dans une crise pareille, il faut qu'un Général trouve de grandes ressources dans sa tête et dans son activité. L'Archiduc Charles les trouva. Il alla lui-même à Vienne hâter l'arrivée des renforts qui lui étoient nécessaires ; il fit venir une partie des soldats qu'il commandoit sur les bords du Rhin, et que son armistice avec Moreau y rendoit inutiles. Il parvint à doubler son armée, il la porta même au-delà de trente mille hommes ; mais jamais à la moitié de celle de Buonaparté. Ainsi, quand même celui-ci auroit remporté de grands avantages avec une pareille supériorité de forces, l'Archiduc Charles auroit encore conservé sa réputation toute entière. Mais ce n'est point Buonaparté qui a eu les avantages, c'est l'Archiduc. Ce Prince fit une manœuvre savante, qui conduisit Buonaparté beaucoup plus loin qu'il ne devoit aller, et le mit lui et son armée dans une position très-critique, où ils auroient dû succomber.

La première faute que fit Buonaparté est impardonnable même dans un Général ordinaire. Il n'avoit pas poursuivi l'armée Autrichienne tout de suite après la bataille de *Rivoli*. Cette armée étoit fatiguée, découragée, sans vivres, réduite à quinze mille hommes. Buonaparté l'eût entièrement détruite ou faite prisonnière. Il s'acheminoit alors vers la capitale de l'Autriche, il y dictoit les conditions d'un traité de paix, et il terminoit ainsi la campagne d'Italie d'une manière très-glorieuse pour lui, et très-utile pour son armée, qui n'eût plus eu de nouveaux dangers à courir.

Au lieu de cela, que fait-il? Entraîné par son insatiable avarice, il retourne dans les Etats du Pape, pour y voler les Eglises et les Monts de Piété. Il savoit que PIE VI vouloit mettre toutes ces richesses à couvert, qu'il en avoit donné l'ordre positif. Buonaparté eût été inconsolable de voir échapper les trésors d'*Ancone* et de *Lorette*. Cette dernière ville, surtout, éveilloit sa cupidité. Objet particulier d'une dévotion depuis long-temps accréditée, elle renfermoit les offrandes d'une multitude de Fidèles qui, depuis plusieurs siécles, s'étoient plus à l'embellir.

Buonaparté vouloit les dépouilles de ce temple, comme Antiochus vouloit celles du temple de Jérusalem, avec cette différence toutefois, qu'Antiochus, païen, vouloit dépouiller le temple d'un Dieu qu'il n'adoroit pas, auquel il ne croyoit pas; au lieu que Buonaparté vouloit dépouiller, et dépouilla, en effet, un temple singulièrement vénéré par les Catholiques. C'étoit donc contre la religion qu'il avoit professée, contre son propre Dieu, qu'il dirigeoit sa sacrilège rapacité, ce qui, selon toutes les religions, et dans tous les pays du monde, est un crime digne de toute la colère céleste*.

Lassé de rapines, mais non encore rassasié, Buonaparté pensa enfin à aller se mesurer avec l'Archiduc CHARLES : il se porta vers la Piave, dans le dessein de passer cette rivière, et d'aller par le Frioul s'établir en Allemagne, tandis que le Général Joubert, à la tête d'une colonne de vingt-cinq mille hommes, passeroit les montagnes du Tyrol, et avanceroit vers la Carinthie.

Ce fut vers le milieu de Mars que Buonaparté

---

* En parlant de ce vol impie, nous avons quelque plaisir à dire que Buonaparté ne trouva pas tout ce qu'il cherchoit; plus de la moitié des trésors de *Lorette* avoit été mise à couvert. Mais on y trouva encore beaucoup de richesses, dont l'enlèvement doit attirer un jour de terribles malédictions sur cette tête sacrilège.

tenta le passage de la Piave. L'eau étoit très-basse, quoiqu'ordinairement en cette saison elle soit grossie par les pluies. Le passage étoit donc très-facile ; et, cependant, Buonaparté, qui, d'après ses Rapports, avoit passé si facilement et le Po et le Mincio, fut arrêté un jour entier au passage de la Piave par les Autrichiens, et, la nuit suivante, ceux-ci décampèrent et allèrent se retrancher sur l'autre rive du Tagliamento. Ce ne fut que deux jours après, que l'armée Françoise se présenta sur la rive de ce fleuve. Le Tagliamento est une rivière peu profonde ; son cours est rapide quoique tortueux. Buonaparté essaya d'y établir un pont, mais la rapidité du fleuve ne le permit pas. Il voulut le passer à gué ; effectivement il étoit guéable en beaucoup d'endroits. Mais dans tous ces endroits que l'Archiduc avoit fait sonder avec soin, se trouvoient placées de fortes batteries afin de bien recevoir l'ennemi. Aussi, quand il se présenta et qu'il essaya de passer, chacun de ses efforts lui fut fatal. Il lui fallut essuyer un feu terrible, et perdre beaucoup de monde. La *Voie Posthumia*, soit l'ancienne, soit la nouvelle, fut pendant trois jours entiers couverte de chariots qui conduisoient les blessés dans les hôpitaux de *Treviso*, de *Bassano*, de *Castel-Franco*, de *Citadella*, de *Padoue*, de *Vicence*, et de *Vérone*.

Qui le croiroit! Buonaparté n'a pas manqué d'écrire qu'il avoit été vainqueur au Tagliamento. Il s'est vanté de l'avoir passé à gué, en peu d'instans, sous le feu terrible de nos batteries; tandis qu'il est de toute certitude que, depuis midi jusqu'à la fin du jour, ces batteries semèrent dans les colonnes Françoises l'épouvante et la mort, quoique Buonaparté fît souvent répéter aux François leurs efforts pour emporter ce passage.

Pour donner du poids à son assertion, notoirement mensongère, Buonaparté ajoute, "qu'il a "passé si promptement, que le Prince Charles a "eu à peine le temps de se sauver."

Buonaparté n'accuse sûrement pas ce Prince de s'être échappé tout seul, et d'avoir abandonné son armée; il veut donc dire que toute l'armée Autrichienne se mit à fuir précipitamment et en désordre pour se soustraire aux formidables colonnes de Buonaparté. Mais si une pareille fuite a eu lieu, il n'est pas douteux que nous n'ayons perdu et notre artillerie, et notre bagage, et beaucoup de prisonniers. C'est là ce qui arrive toujours dans ce déplacement subit d'une armée effrayée. Eh bien! Buonaparté ne parle en tout que de six pièces de canon qu'il a prises, et d'environ cinq cents prisonniers qu'il a faits.

Quant aux prisonniers, nous n'en disputons pas le nombre. Nous disons seulement que ces prisonniers n'ont été faits que parmi ces soldats traîneurs qui ne peuvent pas suivre une armée en marche, soit à cause de leur foiblesse, soit parce qu'ils s'abandonnent au repos et au sommeil.

Mais quant aux canons, il n'y en a pas eu UN SEUL de pris; car nous fimes notre retraite avec tant d'ordre et de secret, qu'on n'en eut connoissance que le jour suivant au matin, lorsque nous étions déjà au-delà d'*Udine*, et que nous marchions vers la rivière de l'Isonzio, pour la passer et attendre l'ennemi sur l'autre rive.

Il y a une chose remarquable dans ce Rapport de Buonaparté; c'est que lui, qui, dans toutes les occasions, parle de nos morts et blessés, n'en a pas dit un seul mot, en parlant du passage du Tagliamento. Il savoit bien que sa perte avoit été terrible, et la nôtre à peu près nulle.

Au reste, ce Rapport fourmille de contradictions. En voici deux bien palpables.

" Le Prince Charles n'a eu que le temps de se
" sauver." Et ensuite : " La promptitude de notre
" déploiement et de notre manœuvre, la supériorité
" de notre artillerie, épouvantèrent tellement l'ar-
" mée ennemie, qu'elle ne tint pas."

Voilà, d'un côté, le Prince *Charles*, qui n'a que le temps de se sauver, ce qui suppose qu'il n'y a point eu d'action, et, de l'autre, il y a déploiement de forces, manœuvre, supériorité d'artillerie, ce qui suppose un choc, une action, d'après laquelle l'armée épouvantée s'est sauvée précipitamment durant la nuit.

Une seconde contradiction, plus saillante encore, est celle-ci. " Aussitôt après le passage du Taglia-
" mento, le Général Guieux fit attaquer *Gradisca*,
" et s'en rendit maître, malgré les ombres de la
" nuit, mettant l'ennemi en pleine déroute."

Ensuite, il dit : " Le Général Bernadotte s'a-
" vance et bloque *Gradisca*, le 29."

Mais si *Gradisca* avoit été prise tout de suite après le passage du Tagliamento, comment Bernadotte va-t-il l'assièger et la bloquer deux jours après ce passage ?

Le fait est que c'est à Bernadotte que se rendit cette ville, et non au Général Guieux. D'ailleurs, il étoit de toute impossibilité que le Général Guieux s'emparât tout de suite de *Gradisca*, qui est à trente milles (Allemands) de distance du Tagliamento.

D'ailleurs, il faut encore observer que *Gradisca* se défendit plusieurs jours assez vigoureusement, et Buonaparté en convient lui-même, puisqu'il dit que Serrurier, qui s'étoit porté vers *San Pietro*, pour passer l'Isonzio dans cette partie, fut obligé de rétrograder pour se mettre en possession des hauteurs qui commandent *Gradisca*, " et la forcer à se " rendre plus vîte."

Ce Rapport de Buonaparté est donc une suite de mensonges. En voici encore un formel. " Trois " mille prisonniers, l'élite de l'armée du Prince " *Charles*, dix pièces de canon, huit drapeaux, " sont le fruit de cette manœuvre."

Il étoit impossible qu'il y eût trois mille soldats dans la forteresse de *Gradisca*, qui est très-petite et mal fortifiée. L'Archiduc y en avoit mis sept cents, et c'étoit tout ce que cette forteresse en pouvoit contenir. Ces sept cents hommes firent exactement ce que leur avoit prescrit leur Général ; c'étoit de tenir ferme pendant trois jours, afin que l'armée Françoise, restant en deçà de l'Isonzio, ne pût point inquiéter la marche de l'armée Autrichienne, qui alloit vers la Stirie. Cette petite garnison se défendit si bien, que Bernadotte fut obligé de lui accorder les honneurs de la guerre.

L'Archiduc ayant rempli son objet, laissa libre à Buonaparté le passage de l'Isonzio. Celui-ci le passa sans difficulté, et entra dans la ville et la province de *Goritz*. Il y publia, sur-le-champ, une proclamation, que nous discuterons tout à l'heure : il en adressa encore plusieurs autres aux habitans de la Carinthie, à ceux de la Stirie, et même à la nation Hongroise. Mais, pour le coup, cette arme parut émoussée ; elle ne produisit aucun effet, pas plus que les formules usées des charlatans décriés n'en font sur ceux qui les écoutent. Personne ne remua : tous les efforts de Buonaparté pour soulever les sujets de l'Empereur furent inutiles; les peuples restèrent tous fidèles, et Buonaparté, au lieu de partisans, n'y trouva que des ennemis. Et telle devint sa situation, qu'il n'en sortit qu'avec grande peine, et qu'il devoit y périr.

L'historien de la Campagne d'Italie, ou plutôt l'adulateur qui a rédigé ce fatiguant et continuel éloge de Buonaparté, ne perd pas ici l'occasion de mettre son héros fort au-dessus de l'Archiduc. Mais il n'est pas même nécessaire d'être initié dans l'art de la guerre, pour voir que dans cette occasion, l'Archiduc a fait tout ce que devoit faire un grand Général, et que Buonaparté a fait précisément tout le contraire. Ce n'est pas une prévention de notre part ; c'est la verité toute pure.

Que devoit faire l'Archiduc avec une armée fort inférieure en nombre ? Il devoit faire une retraite en bon ordre, et sans perte, et, pour y parvenir, fatiguer l'ennemi par des attaques fréquentes, lui disputer le passage des rivières, et lui faire résistance dans tous les endroits qui le lui permettroient, sans jamais laisser engager d'action bien sérieuse, bien moins encore d'action générale. Il devoit l'attirer peu à peu dans les Etats de l'Empereur, où les dangers croîtroient pour Buonaparté, et les moyens de défense pour l'Archiduc ; c'est ce qui est arrivé, et Buonaparté n'a pas fait un pas en avant que l'Archiduc n'eût prévu, et qu'il n'eût désiré lui voir faire. A mesure qu'il avançoit triomphant, il donnoit dans tous les piéges qui lui étoient tendus, jusqu'à ce qu'il tombât enfin dans le dernier de ces piéges, qui étoit un abîme, dont il n'a été tiré que par des circonstances extraordinaires, et que les hommes dans le secret de l'intrigue qui rapprocha le Cabinet de Vienne du Directoire de Paris dévoileront un jour. En un mot, dans le conflit de ces deux Généraux si inégaux, l'Archiduc a eu toute la gloire, Buonaparté toute la honte. L'Archiduc a été un maître sage, habile, et prévoyant ; Buonaparté un écolier présomptueux, emporté, ignorant ; il ne suffit pas de le dire ; il faut le prouver.

Buonaparté en avançant toujours avec une téméraire confiance, se trouva enfin enveloppé de toutes parts. Il avoit en front l'armée de l'Archiduc, renforcée de toute la jeunesse de Vienne, levée en masse ; du côté de la Stirie, jusqu'à Trieste, de gros corps de Hongrois, levés aussi en masse, prenoient l'armée Françoise en flanc. Les Carinthiens la harceloient continuellement par derrière, et l'incommodoient beaucoup ; et les Tyroliens, qui avoient à leur tête le Général Laudon, détruisirent presque en entier la colonne de vingt-cinq mille hommes, commandée par Joubert, et, après avoir délivré leur patrie, alloient entrer dans *Vérone,* et s'emparer des Etats Vénitiens.

Ajoutez à ce tableau une fermentation extrême qui s'étoit manifestée contre les François dans les Etats de Venise, fermentation qui prenoit des caractères fâcheux.

Dans cette attitude, tout l'héroïsme de Buonaparté s'évanouit. Celui qui se disoit toujours vainqueur, qui alloit même jusqu'à se croire invincible, se vit forcé de demander la paix à celui-là même qu'il assuroit avoir tant de fois battu. Son langage, toujours plein d'arrogance, se changea tout à coup en un langage modeste et presque suppliant. On en va juger par la lettre même qu'il écrivit, de son Quartier-Général de Clagenfurst, à l'Archiduc Charles, le 11 de Germinal, An V.

" Les braves militaires font la guerre et désirent
" la paix. Celle-ci ne dure-t-elle pas depuis six
" ans ? Avons-nous tué assez de monde, et fait
" assez de maux à la triste humanité ? Elle réclame
" de tous côtés. L'Europe, qui avoit pris les armes
" contre la République Françoise, les a posées.
" Votre nation reste seule ; et, cependant, le sang
" va couler encore plus que jamais. N'y a-t-il donc
" aucun espoir de nous entendre ; et faut-il que
" nous continuions de nous entr'égorger ? Vous,
" Monsieur le Général en Chef, qui par votre
" naissance approchez si près du trône, et êtes au-
" dessus de toutes les petites passions qui animent
" souvent les Ministres et les Gouvernemens, êtes-
" vous décidé à mériter le titre de bienfaiteur de
" l'humanité entière, et de vrai sauveur de l'Alle-

« magne ? Ne croyez pas, Monsieur le Général en
« Chef, que j'entende par là qu'il ne vous soit pas
« possible de la sauver par la force des armes. Quant
« à moi, Monsieur le Général en Chef, si l'ouver-
« ture que j'ai l'honneur de vous faire, peut sauver
« la vie à un seul homme, je m'estimerai plus fier
« de la couronne civique que je croirois avoir méri-
« tée, que de la triste gloire qui peut revenir des
« succès militaires. »

Il faut que la peur soit bien puissante pour méta-
morphoser ainsi tout à coup un loup en agneau.
Cet homme, qui, durant toute la campagne, n'avoit
parlé que de brûler, de fusiller, de détruire; lui
qui à tous les malheurs inévitables de la guerre avoit
joint tout ce que peut inspirer un caractère féroce,
et une rapacité sans exemple, et qui, par là, avoit
infiniment aggravé le sort des peuples : le voilà qui
plaide la cause de l'humanité, qui s'attendrit sur le
fléau de la guerre, qui semble mépriser cette *triste
gloire* qui peut revenir des succès militaires. Lui
qui étoit sanguinaire de sang froid, qui en avoit
donné des preuves publiques et éclatantes, soit à
*Paris*, soit à *Toulon*; lui qui ne respiroit que le
sang; qui, dans le moment même, étoit couvert du
sang de deux cents mille hommes que cette cam-

pagne avoit coûtés ; lui qui, de tous les Généraux connus, étoit celui qui avoit le plus prodigué le sang ; lui qui en auroit bu, le voilà qui semble en avoir horreur ! Il frémit de le voir couler ; il aspire à la couronne civique ; il seroit tout fier d'avoir sauvé la vie à un seul homme !

Ne vous semble-t-il pas voir Antiochus Epiphanes qui, frappé de la main de Dieu, dit tout le contraire de ce qu'il avoit dit la veille? Il étoit impie, il affiche la piété. Il vouloit exterminer les Juifs, il paroît leur meilleur ami. Il étoit d'un orgueil qui insultoit le ciel même, et il devient d'une humilité rampante.

L'Archiduc, qui étoit aussi supérieur à Buonaparté par la noblesse de son caractère que par ses talens, lui répondit avec dignité :

" Assurément, tout en faisant la guerre, Monsieur
" le Général, et en suivant la vocation de l'honneur,
" je désire, ainsi que vous, la paix, pour le bonheur
" des peuples et de l'humanité.

" Comme, néanmoins, dans le poste qui m'est
" confié, il ne m'appartient pas de scruter ni de
" terminer la querelle des Puissances belligérantes,
" et que je ne suis muni, de la part de Sa Majesté
" l'Empereur, d'aucuns pouvoirs pour traiter, vous

" trouverez naturel, Monsieur le Général, que je
" n'entre là-dessus avec vous en aucune négocia-
" tion et que j'attende des ordres supérieurs sur un
" objet d'aussi haute importance, et qui n'est pas
" foncièrement de mon ressort."

On est bien affligé quand on voit ensuite que ces ordres supérieurs arrivèrent, et qu'il se conclut un armistice à *Leoben* entre les Plénipotentiaires de l'Empereur et Buonaparté ; c'est un de ces mystères du Cabinet de Vienne qu'il ne nous appartient pas de pénétrer ; ou plutôt, c'est un des nombreux reproches qu'on fait au Baron de Thugut, et sur lesquels il n'est pas certain qu'on parvienne jamais à le justifier.

Nous avons parlé ci-dessus de la proclamation que fit Buonaparté en arrivant à *Goritz*. Nous ne répéterons pas que ces sortes de proclamations, dont Buonaparté a inondé tous les pays où il a fait la guerre, sont des moyens publics de séduction qu'il employoit, indépendamment des voies ténébreuses de la corruption, pour préparer et faciliter le succès de ses armes. Nous dirons seulement que cette proclamation mérite une attention particulière, et nous allons la transcrire en entier.

" *Buonaparté, Général en Chef de l'Armée d'Italie,*
" *au Peuple de la Province de Goritz.*

" Une frayeur injuste a devancé l'armée Fran-
" çoise. Nous ne venons ici, ni pour vous conqué-
" rir, ni pour changer vos mœurs, ni votre religion.
" La République Françoise est l'amie de toutes les
" nations. Malheureux Rois, qui ont la folie de lui
" faire la guerre!

" Prêtres, Nobles, Bourgeois, qui formez la po-
" pulation de la province de Goritz, banissez vos
" inquiétudes; nous sommes *bons et humains.*
" Vous vous apercevrez de la différence des procé-
" dés d'un peuple libre d'avec ceux des Cours et des
" Ministres des Rois.

" Vous ne vous mêlerez pas d'une querelle qui
" n'est pas la vôtre; et je protégerai vos personnes,
" vos propriétés, et votre culte. J'augmenterai vos
" priviléges, et je vous restituerai vos droits. Le
" peuple François attache plus de prix à la victoire
" par les injustices qu'elle lui permet de réparer
" que par la vaine gloire qui lui en revient."

Plus on relit cette Proclamation, plus on voit que
c'est un monument d'imposture, d'impudence, et
de perfidie. Lorsque l'historien de la Campagne

d'Italie dit que la proclamation est une arme entre les mains de Buonaparté, il a raison; il pourroit ajouter que c'est une arme et dangereuse et empoisonnée qu'il dirige et contre les peuples et contre les Souverains; contre les peuples, qu'il excite à la révolte, sous prétexte de leur rendre la liberté et qu'il conduit au malheur réel, en leur promettant un bonheur imaginaire; contre les Rois, qu'il insulte avec audace, et qu'il voudroit rendre victimes de la fureur populaire.

Il n'y a peut-être pas dans cette proclamation une seule expression qui ne soit coupable. " J'aug-" menterai vos priviléges; je vous restituerai vos " droits; je réparerai les injustices." N'est-ce pas là une déclamation contre le Gouvernement Autrichien?

" Malheureux Rois qui ont la folie de faire la " guerre à la République Françoise!—Vous vous " apercevrez de la différence des procédés d'un " peuple libre d'avec ceux des Cours et des Minis-" tres des Rois."

N'est-ce pas là une déclamation fanatique contre les Rois en général, qui tend à avilir les Souverains et à les rendre odieux aux peuples, eux et leurs Cours et leurs Ministres; ce sont là de ces phrases prises dans les harangues incendiaires des Robers-pierre et des Marat.

Mais la phrase la plus choquante, la plus criminelle, est celle-ci. " Vous ne vous mêlerez pas " d'une querelle qui n'est pas la vôtre." C'est mettre en principe que les intérêts des peuples n'ont rien de commun avec ceux des Rois ; qu'il y a même opposition entre les uns et les autres ; que, par conséquent, les peuples ne sont pas tenus de se battre pour la querelle des Rois ; qu'ils ne sont donc pas obligés de marcher à la guerre, lorsque leur Souverain les y appelle. Cette assertion tend à laisser tous les trônes sans défense, et à désorganiser les armées des Rois. Et tel étoit certainement le but de Buonaparté, satellite docile de cet infâme Directoire qui proscrivoit tous les Rois comme autant de despotes.

Si un particulier obscur eût semé en Allemagne de pareils principes, on l'eût certainement arrêté, et une mort honteuse, telle qu'on la fait subir aux perturbateurs du repos public, eût été sa légitime récompense. Mais qu'un Général qui vient faire la guerre dans un pays, se fasse l'instigateur des séditions et des révoltes, il emploie un moyen lâche et bas qui est en opposition directe avec la noblesse de l'art militaire !

Il est un factieux, il n'est pas un guerrier ; il ne pourra jamais être un héros, et sa place est parmi les brigands.

Nous ignorons si Buonaparté relit quelquefois les proclamations qu'il a répandues dans le cours de ses campagnes. Dans ce cas, il auroit à craindre aujourd'hui l'effet des systèmes affreux qu'il propageoit alors, et que sa position actuelle l'a forcé d'abjurer.

Il étoit alors Républicain forcené ; il est aujourd'hui Souverain despote. Que diroit-il, maintenant qu'il commande à une grande nation, maintenant qu'il a un trône, une Cour, des Ministres, une foule de courtisans et d'adorateurs, si l'un de ceux qu'il appelle ses sujets élevoit la voix au milieu de Paris, pour y publier des maximes conformes à la proclamation dont nous parlons. Si au moment où il envoie des armées immenses avec ordre de se faire tuer pour son service, un homme libre, parlant à ces soldats qui la plupart marchent par force, leur disoit : " Pourquoi obéir à des ordres sanguinaires ?
" Qu'y a-t-il de commun entre vous et le fils de
" Létitia ? *Ne vous mêlez pas de sa querelle ; elle*
" *n'est pas la vôtre.* Pourquoi vous rendriez-vous
" victimes de sa féroce ambition ? Ce n'est point
" pour les intérêts de la France qu'il fait la guerre ;

" c'est pour tourmenter le genre humain, pour
" désorganiser des sociétés, pour renverser des trônes,
" pour s'aggrandir sans mesure, lui et sa méprisable
" famille. Retournez chacun dans vos foyers ; et
" n'écoutez pas cet étranger qui, de crime en crime,
" est parvenu au sommet des grandeurs. Gardez-
" vous de soutenir ce colosse ; laissez-le tomber à
" terre ; et puisse-t-il s'y fracasser et s'y briser !"

Nous ne doutons pas que Buonaparté ne fît bientôt saisir et torturer cet orateur téméraire, lui qui veut qu'on marche dès qu'il le commande, et qu'on se fasse exterminer pour lui plaire ; lui qui fait de cette obéissance sans bornes un précepte religieux, et qui a fait insérer ce précepte dans le catéchisme universel de la France. Sans doute, cet orateur payeroit sa hardiesse de sa tête. Mais il n'en est pas moins vrai qu'il seroit bien moins coupable que Buonaparté, qui alloit publier ces maximes dans des pays où régnoient de légitimes Souverains ; ou, pour parler plus correctement, cet homme ne seroit point du tout coupable, puisque l'obéissance n'est pas due à Buonaparté, parce que sur son front sont écrits, en caractères ineffaçables, ces deux mots, USURPATEUR et TYRAN, et que le dernier des François a plus de droits que lui à la couronne de France.

## RÉVOLTE DES VILLES ET PROVINCES DE CREMA, BERGAMO, ET BRESCIA, CONTRE LE GOUVERNEMENT VÉNITIEN.

Buonaparté n'avoit pas porté en Italie de simples projets de rapine ; il y avoit aussi porté de grands projets de destruction, et parmi ces projets étoit celui de détruire Venise. Nous verrons bientôt comment il s'y prit pour consommer cette destruction. Nous allons seulement parler dans ce chapitre d'un moyen préparatoire qu'il employa contre le Gouvernement de cette antique et illustre République, qui avoit duré quatorze siècles, et dont la sage organisation faisoit l'admiration des politiques.

Il fit révolter contre le Sénat Vénitien les trois provinces de Crema, de Bergamo, de Brescia.

Nous disons qu'il fit révolter ces provinces, et nous en donnons une preuve démonstrative ; c'est le témoignage d'un Général François, qui en fit l'aveu assez public dans une maison à *Bellona*. Massena avoit passé par cette ville, au moment où Buonaparté alloit tenter le passage de la Piave. Un Général de sa division fut invité à souper chez un particulier. Il y alla ; il fut bien fêté, et la conversation s'étant prolongée au milieu des bouteilles, notre Général, échauffé par le vin, oublia qu'il étoit dans une maison étrangère.

" Savez-vous," dit-il à son hôte, " que, sous peu
" de jours, les villes de *Crema, Bergamo,* et
" *Brescia,* doivent secouer le joug de fer du Sénat
" Vénitien. Tout a été bien concerté par notre
" Général en Chef pour la pleine réussite de cette
" entreprise délicate, qui doit éclater incessamment."

" Mais ne craignez-vous pas le ressentiment du
" Sénat Vénitien," répartit l'hôte, que cette étrange confidence avoit surpris.—" Que voulez-vous qu'il
" fasse," répliqua le Général," " si les peuples
" veulent se mettre en liberté ? Ils seront mis tout
" de suite sous la sauvegarde de notre armée, qui
" prendra sous sa protection toute nation qui, à
" l'exemple des François, voudra être libre et indé-
" pendante. Le Sénat de Venise devra voir et se
" taire ; il ne peut rien contre l'armée Françoise.
" Je vous dirai plus. La révolte dont je vous
" parle sera bientôt suivie de celle de toutes les
" autres provinces Vénitiennes. Vous verrez qu'elle
" s'étendra jusqu'à Venise elle-même. Il arrivera
" ce qui arrive ordinairement dans une forêt épaisse,
' si l'on met le feu à un arbre ; il gagne bientôt

" les arbres voisins, l'incendie devient général, et
" ne finit que par la destruction totale de la forêt."

Je n'imagine pas cette conversation. Je la rapporte fidèlement et exactement, telle qu'elle a été mandée par l'hôte lui-même qui avoit donné à souper au Général François. Il l'écrivit aussitôt à son frère, qui, ainsi que moi, étoit employé dans l'armée Autrichienne. Ce frère me la montra, et je crus devoir lui conseiller de l'envoyer promptement à Venise, pour être remise aux Inquisiteurs d'Etat : ce qui fut fait sur-le-champ ; et trois jours après, nous apprîmes que la lettre avoit été consignée entre les mains de l'Inquisiteur de *Robe Rouge* \*, lequel en avoit fait les plus vifs remercîmens.

La prophétie du Général François s'accomplit en partie ; quinze jours après, les trois provinces qu'il avoit nommées, étoient en pleine révolte ; et comme il l'avoit dit, l'armée Françoise prit les révoltés sous sa protection.

Mais l'autre partie de la prophétie ne s'accomplit pas. Les autres provinces Vénitiennes ne prirent aucune part à cette révolte, et elles se disputèrent

---

\* Il y avoit trois Inquisiteurs. L'un des trois étoit Sénateur ; et celui-là s'appeloit Inquisiteur de *Robe Rouge*, parce qu'il portoit cette robe, signe distinctif du Sénateur.

entre elles à qui témoigneroit à son Prince le plus d'attachement et de fidélité. Durant plus de dix jours entiers, le Sénat eut la satisfaction de voir arriver des députés que chaque ville, chaque province, chaque commune, s'étoit empressée d'envoyer. L'instruction de ces députés étoit d'assurer le Sénat de l'inébranlable fidélité de leurs commettans ; de le presser de repousser la force par la force, et tous offroient des sommes considérables pour faire face à la guerre. Non jamais, peuple ne se montra plus affectionné à son Gouvernement, plus respectueux envers ses Princes, plus empressé à maintenir et leurs droits et leur gloire. Le Sénat fut touché de ces offres, les accepta, remercia ses fidèles sujets ; mais il ne fit rien pour réprimer la révolte.

Les révoltés, enhardis par quelques succès qu'ils eurent d'abord, et aussi par l'inaction du Sénat, envoyèrent de tous côtés des émissaires pour travailler les autres Etats Vénitiens, pour les engager à fraterniser avec eux et à partager leurs complots. Tout fut employé pour réussir, promesses, raisons, écrits, menaces ; mais tout cela ne servit à rien ; et cherchant par tout des complices, ils ne trouvèrent que des improbateurs et des ennemis.

Les Véronois surtout se montrèrent avec vigueur

contre ces coupables insurgés ; ils prirent les armes contre eux, les battirent dans plusieurs chocs et leur firent des prisonniers. Il est à remarquer que parmi ces prisonniers on trouva plusieurs François déguisés en paysans ; et alors il fut bien reconnu que c'étoit Buonaparté qui étoit l'auteur de ces noirs complôts ; que c'étoit lui qui excitoit la révolte contre le Sénat Vénitien ; que c'étoit encore lui qui excitoit la guerre civile entre les sujets du même Etat ; et c'étoit ce même homme qui, peu de temps après, écrivoit à l'Archiduc Charles : *qu'il se regarderoit comme très-heureux de pouvoir sauver la vie à un seul homme.*

Qui le croiroit ? Buonaparté ne pardonna pas aux Véronois d'avoir combattu pour leur patrie et leur Sénat. Leur fidélité lui parut un crime ; et il s'en vengea d'une manière terrible, en faisant tomber sur *Vérone* des fléaux de toute espèce, qui firent le désespoir de cette cité, et que nous exposerons dans le chapitre suivant : mais avant de finir ce chapitre, nous croyons devoir faire quelques réflexions sur la conduite de Buonaparté relativement aux révoltes.

Les habitans de *Pavie*, et du territoire Pavesan, se lèvent en masse pour secouer le joug de Buonaparté, qui n'étoit point leur Souverain, mais leur oppresseur; en cela ils usoient d'un droit que la Nature accorde à tout peuple contre un vainqueur injuste et atroce qui les fatigue et les écrase par des traitemens barbares, et qui, à force d'indignités continuelles, leur rend la vie insupportable. De quelle manière Buonaparté se venge-t-il d'eux? D'une manière que n'autorisa jamais le droit de la guerre. Il fait avec eux un accord simulé; et dès qu'ils sont désarmés, il met la ville au pilllage, il incendie plusieurs villages, et il sème partout l'effroi et l'horreur; et son épouvantable vengeance est encore tracée sur les murs de *Pavie*, en caractères de feu et de sang.

Les habitans de *Crema*, de *Bergamo*, et de *Brescia*, se soulèvent contre le Gouvernement Vénitien. C'étoit assurément une révolte, et une révolte punissable, puisque le Sénat de Venise étoit leur Souverain légitime, et Souverain qui ménageoit ses peuples, et s'occupoit de leur bonheur. Que fait Buonaparté? Il devient l'ami de ces révoltés, leur protecteur. Il leur donne des secours; il cherche à étendre cette révolte, et à la rendre générale. Il s'indigne contre ceux qui, comme les Véronois, ne veulent pas y prendre part. Il les traite même en ennemis, et cependant cette révolte étoit dirigée contre un gouvernement ami de la France, et qui n'avoit rien fait pour provoquer un pareil acte d'hostilité.

Voilà donc Buonaparté qui d'un côté punit la révolte, et de l'autre encourage la révolte. Pourquoi des procédés si différens? C'est que la révolte de *Pavie* (en supposant qu'on puisse lui donner ce nom) étoit dirigée contre Buonaparté lui-même, contre sa tyrannie, contre sa rapacité et celle de ses Généraux, contre les excès de ses soldats. C'étoit donc un crime impardonnable qui ne pouvôit être expié que par les supplices et la mort. Il étoit essentiel d'apprendre aux peuples subjugués, que lorsqu'ils avoient chez eux une armée Françoise, leur patience devoit être sans bornes, qu'ils devoient se laisser dépouiller, déshonorer, vexer, fouler aux pieds, sans se permettre le murmure ni la plainte.

Mais quand il étoit question de la révolte des sujets Vénitiens, c'étoit de leur part un cri naturel de liberté : c'étoit une réclamation permise contre le despotisme de leur Souverain ; c'étoit un généreux effort qu'il falloit encourager, pour rendre à l'homme tous ses droits, et dissoudre toute autorité.

On a de la peine à s'imaginer qu'on ait jamais

professé des maximes aussi désorganisatrices des sociétés. C'est pourtant un fait que Buonaparté, aujourd'hui despote, les a professées avec plus d'impudeur qu'aucun autre factieux, surtout dans sa campagne d'Italie. Lui qui ne veut pas *qu'un de ses prétendus sujets* s'écarte de la très-humble soumission à laquelle il les a réduits, lui-même a propagé ces horribles axiômes des plus forcenés Jacobins, et les a mis en pratique. C'étoit là l'esprit et l'effet de ses éternelles proclamations.

Oui, nous pouvons, et nous devons le dire, Buonaparté a toujours été un ami de la révolte, un révolté.

Il étoit un révolté en Corse, lorsqu'en 1793, il faisoit tirer sur ses propres compatriotes à la sortie d'une église, et cela par la seule raison qu'ils ne vouloient pas épouser ses principes révolutionnaires.

Il étoit révolté à *Paris*, et en outre assassin, lorsqu'en 1795, au mois d'Octobre, à la voix d'un des tyrans Directeurs, il tiroit à mitrailles sur les Parisiens lassés de leur esclavage, et qui vouloient briser leurs chaînes.

Il étoit révolté en Egypte, lorsque promettant amitié au Grand Seigneur, il travailloit secrettement à dissoudre l'Empire Ottoman avec lequel la France étoit en paix.

Il étoit révolté, lorsqu'en 1799, il vint à *Paris*, arracher violemment l'autorité à des Magistrats qu'il avoit lui-même reconnus, et dont il étoit l'agent.

Il est encore révolté, puisque l'usurpation est une rébellion prolongée, et toutes ses actions, tous ses ordres, toutes ses entreprises, sont des actes de rébellion : elles en portent l'empreinte et la tache.

François, voilà quel est votre maître actuel. Il est né dans la révolte, lui et toute sa race ; et c'est par la révolte qu'il existe ; et dès que la révolte cessera, il cessera d'exister. Mais quand finira-t-elle cette révolte, qui est et un si grand scandale, et un si grand malheur ? Elle finira lorsqu'un bras juste et ferme renversera ce trône que l'injustice et la stupeur ont élevé, et replongera dans son obscurité originelle le héros de cette longue tragédie. Oh ! que de bénédictions se réuniront sur la tête de ce vengeur des Rois ! Il sera proclamé tout d'une voix :

Le Libérateur de la France,

Le Sauveur de l'Europe,

Le Bienfaiteur du Genre Humain.

"Exoriare aliquis··········"

INSURRECTION A VÉRONE CONTRE LES FRANÇOIS.

Nous avons vu quelle conduite avoit tenue Buonaparté envers la ville de *Vérone*, et comment il lui fit un grand crime d'avoir donné asile à Louis XVIII, Roi de France, qu'il devoit regarder comme son Souverain. Il ne la brûla point, quoiqu'il l'en eût menacée ; mais il la fatigua, il la tourmenta par une domination arbitraire et une oppression continuelle. Nobles, roturiers, marchands, artisans, tout le peuple étoit malheureux, tout l'argent avoit été enlevé. Les ouvriers étoient en petit nombre, et à un prix excesssif ; les denrées de première nécessité manquoient.

Les François qui s'apercevoient du mécontentement général, prirent des précautions inquiétantes. Les châteaux étoient gardés par des troupes Françoises et Vénitiennes réunies. Les François voulurent les garder seuls ; et ils congédièrent les soldats Vénitiens d'une manière impérieuse et dure. Les portes même de la ville n'étoient point gardées par les seuls Vénitiens ; les François en partageoient la garde ; et, ce qui donna beaucoup d'ombrage aux Véronois, les François transportoient aux châteaux beaucoup de munitions de guerre et de bouche.

Enfin, les habitans se décidèrent à former des patrouilles civiques, commandées par un Noble, et composées en partie de troupes de ligne, et en partie d'habitans bien armés. Ces patrouilles devoient marcher nuit et jour pour maintenir la tranquillité. Elles visitoient les auberges, les maisons, et tous les endroits où il pouvoit y avoir des rassemblemens suspects. Elles firent bien leur devoir; elles arrêtèrent, dès les premiers jours, des hommes connus pour leurs principes révolutionnaires, et qui avoient beaucoup trop de liaisons avec les François. On avoit trouvé dans leurs maisons des lettres séditieuses; on y avoit trouvé des cocardes tricolores, des uniformes tout prêts. On fit partir ces perturbateurs du repos public, sous bonne escorte, pour *Venise*. Quelques-uns de leurs compagnons et complices s'enfuirent, dès le moment de l'arrestation, et plusieurs allèrent se jeter entre les bras des François, dont la protection leur étoit bien assurée. La ville étoit dans la plus grande fermentation : le peuple crioit hautement : il étoit facile de prévoir que l'explosion seroit prochaine.

Heureusement pour les Véronois, ils eurent une

occasion favorable de s'armer. Les Brescians et les Bergamasques, excités à la rébellion par les François, formoient des corps nombreux, et menaçoient d'envahir le territoire de *Vérone*. Il fallut que l'on se levât en masse dans toutes les Communes; et tous s'armèrent à *Vérone* et à la campagne, bien décidés à repousser les aggresssseurs, ce qu'ils firent plus d'une fois, au grand scandale des François, qui, mêlés aux Brescians, ne s'attendoient pas à une pareille résistance.

Deux Généraux François, qui demeuroient dans la ville de *Vérone*, passèrent, la veille de Pâques, dans les châteaux, avec leur bagage, leurs chevaux, et tous leurs effets. Arrivés aux châteaux, ils envoyèrent un de leurs Aides de Camp au Gouverneur, pour demander des éclaircissemens sur tous les armemens qui se faisoient dans la ville et la campagne. La réponse fut, que ces armemens n'avoient d'autre objet que de repousser les violences des rebelles, et de maintenir la tranquillité générale.

On pouvoit compter alors à *Vérone* vingt-cinq mille hommes de tout état, qui étoient commandés ou par des Nobles déjà exercés dans l'art militaire, ou par les principaux habitans de la ville. Il y avoit outre cela, en troupes de ligne, quinze cents hommes d'infanterie, deux cents de cavalerie, et sept cents Esclavons, campés à trois milles des portes, parce que les François avoient refusé de les laisser entrer.

La mine éclata le 17 d'Avril, 1797, et ce furent les François qui y mirent le feu.

Une société de jeunes artistes alloient à la campagne avec leurs familles, pour y passer les Fêtes de Pâques. Les François leur cherchèrent querelle, et les insultèrent. Les artistes leur firent tête. La dispute s'échauffa, et un François tira un coup de fusil, qui ne porta point. Les artistes répondirent; les fusillades se succédèrent, et les patrouilles civiques accoururent. Les François firent feu sur les patrouilles; elles tirèrent de leur côté, et l'alarme devint générale. Toutes les patrouilles se réunirent au Palais du Gouverneur, et le tumulte augmentant, les François tirèrent les canons des châteaux sur la ville. Ce fut le signal d'une révolution qu'ils méditoient; et, en même-temps, un signal pour les Véronois de faire main basse sur des hôtes aussi incommodes, et qui, en ce jour, devenoient assassins.

Les François étoient au nombre d'environ six mille. La moitié s'étoit retirée dans les châteaux;

deux mille cinq cents étoient répartis dans la ville, soit aux portes, soit à différens postes, et il y avoit à peu près cinq cents malades à l'hôpital.

Dès les premiers coups de canon, les habitans ayant sonné le tocsin, il se rassembla plus de trente mille hommes armés, et la fureur étoit à son comble. Les uns firent feu sur tous les François qu'ils rencontroient, les autres leur coupoient la retraite vers les châteaux. D'autres attaquèrent les différens corps de garde, et firent prisonniers ceux qu'ils ne tuèrent pas. Quatre corps séparés se portèrent vers les quatre portes de la ville, les prirent d'assaut, et les ouvrirent : alors entrèrent et les sept cents Esclavons, et les paysans des Communes voisines ; tous se réunirent pour tomber sur les François ; et tous ceux qui étoient épars dans la ville, et cachés dans les maisons, dans les cabarets, et jusque dans les cantines, furent tués.

Les François ont publié, dans leurs gazettes, que les Véronois avoient massacré dans l'hôpital tous les François malades. C'est une calomnie insigne. Les Véronois furent vindicatifs ; mais ils ne furent point barbares. Ils avoient même eu la précaution pleine d'humanité de mettre trois cents soldats à la porte de l'hôpital, avec ordre exprès de faire feu sur quiconque voudroit y entrer avec violence. Cet ordre fut exactement suivi ; et pas un seul malade ne fut inquiété.

Les François qui furent faits prisonniers dans cette journée, assurent qu'ils ne virent jamais une pareille fureur populaire, un acharnement aussi effrayant, et une union aussi générale parmi une grande multitude.

Si les Chefs Vénitiens eussent profité de cette ardeur, les trois châteaux de la ville, nommés *San Pietro, San Felice,* et *Castel-Vecchio,* étoient pris dans la même soirée : chacun d'eux devoit être attaqué par environ quatre mille personnes fermes et résolues, qui avoient juré de ne faire quartier à aucun François, ni à aucun de ceux qui s'étoient réfugiés parmi eux. Mais les Chefs furent timides, et le Secrétaire Général, *Rocco San Fermo,* étoit vendu aux François, et l'on parlementa lorsqu'il eût fallu agir.

Vers le soir, on vit tout à coup un drapeau blanc arboré sur l'un des châteaux. Tout de suite on en arbora un pareil sur la tour de la ville. Le feu cessa des deux côtés, et un corps de citoyens armés, commandés par les premiers Nobles, marcha vers le château, d'où descendit, en même temps, un des deux Généraux François, avec son Aide de Camp et deux officiers. Ces quatre hommes se mirent au milieu du corps armé de Véronois, et ceux-ci eurent toutes les peines du monde à les sauver de la fureur populaire.

Chemin faisant, un homme du peuple arracha le sabre du Général François, pour lui couper la tête; et l'exécution alloit s'ensuivre, s'il n'eût été défendu par ceux qui l'entouroient, et qui parvinrent même à lui faire rendre son sabre. Mais sur toute la route jusqu'au Palais, il fallut qu'il entendît les plus horribles imprécations contre lui et contre le Gouvernement François dont il étoit l'odieux satellite.

Arrivé à la salle publique du Palais du Gouverneur, le Général François entra en négociation avec les premiers Magistrats de la ville et quelques-uns des premiers de la Noblesse. Le peuple, qui craignoit d'être trahi, vouloit, à toute force, entrer dans la salle, et il murmuroit hautement. Il avoit raison, bien raison; car, au bout de deux heures, le Général laissa ses propositions par écrit, et il retourna au château.

Voici quelles étoient ces propositions:

I. Désarmement général dans la ville et au dehors.

II. Douze ôtages, choisis par le Général François, parmi les Nobles, les Citoyens, et le Clergé, devoient être envoyés et gardés au château.

III. Tous les paysans licenciés sans armes.

IV. Libre entrée de tous les François à Vérone.

V. La troupe Vénitienne licenciée sans armes et sans chevaux.

VI. Réparation du dommage causé aux François, et satisfaction pour les assassinats commis.

VII. Les châteaux et les portes de la ville aux mains des François.

VIII. Toutes les armes, de toute espèce, consignées dans le château.

Le Général finissoit par demander une réponse décisive sous vingt-quatre heures, sans quoi il recommenceroit les hostilités.

Dès que le Général fut parti, tous ces articles furent examinés, et tous furent refusés à l'unanimité. La nuit même, on envoya signifier cette réponse au Général François par un trompette et un officier Vénitien. En même-temps, on fit dans la ville les dispositions les plus sages et les plus vigoureuses pour se garantir de tout événement jusqu'à l'arrivée de mille Esclavons que le Sénat de *Venise* devoit envoyer à *Vérone*, et qu'il n'envoya point. Les Jacobins avoient juré la perte de cette ville ; ils avoient juré la destruction même du Gouvernement Vénitien, et ils y parvinrent.

Les vingt-quatre heures étant expirées, les hostilités recommencèrent, et les châteaux firent un feu continuel contre la ville.

Les Véronois firent diriger quatre pièces de canon contre le *Castel Vecchio*, et le battirent vigoureusement. Le chateau souffrit beaucoup ; les François y perdirent du monde ; dans la ville plusieurs maisons furent endommagées. Cependant on faisoit toujours des prisonniers François qu'on trouvoit ou dans les maisons, ou dans des souterrains. On les conduisoit au Palais pour les mettre en sûreté, mais ceux qui les conduisoient couroient eux-mêmes des dangers ; et plus d'une fois les prisonniers furent massacrés entre les bras de ceux qui vouloient les sauver.

On ne sera pas étonné, d'après cela, si nous disons que toutes les maisons des François furent mises au pillage ; qu'on dévasta leurs magasins, que les bagages, voitures, et chevaux des officiers, ne furent nullement respectés ; que tout fut pris et vendu.

Cette convulsion terrible dura environ neuf jours ;

et elle auroit fini d'une manière funeste pour les François, si dans cet intervalle les deux Gouverneurs Vénitiens (celui de la Ville et celui de la Province) et le Provéditeur Général n'avoient pensé à s'évader, ce qu'ils firent, déguisés en uniformes de cavaliers.

Les Véronois ne furent point, d'abord, touchés de ce départ : ils firent une contenance noble, et ils établirent une Commission Provisoire, qui devoit régler les affaires de la Ville et de la Province ; et tout le peuple, animé d'une haine persévérante contre les François, jura de ne point déposer les armes, qu'ils ne fussent tous sortis.

Cette ardeur dura encore vingt-quatre heures; mais, ensuite, elle se refroidit. Les Véronois se voyant abandonnés par leurs légitimes Représentans ; n'ayant plus ni les Esclavons ni aucun corps de troupes réglées, n'ayant aucun secours à attendre de Venise, où les Jacobins dominoient; se défiant totalement des officiers Vénitiens dont la plûpart étoient gangrenés par les principes démocratiques; et voyant, d'ailleurs, les François se fortifier par de nouveaux corps qui étoient arrivés de toutes parts à *Vérone*, étoient disposés à recevoir des propositions de paix. Aussi, dès qu'ils virent le drapeau blanc arboré de nouveau sur le château, ils en arborèrent un pareil, et trois Députés Véronois allèrent au château parlementer avec le Général François.

Après trois heures de négociation la capitulation suivante fut acceptée de part et d'autre.

I. Oubli total de ce qui étoit arrivé à cette occasion.

II. La vie de tous, leurs propriétés, et leur religion seront respectées.

III. Toutes les armes déposées dans un magasin gardé par les François.

IV. Les habitans des Communes et les soldats retourneront désarmés dans leurs foyers.

V. Les châteaux et les portes resteront entre les mains des François.

Cette capitulation étoit bien moins dure que la première offerte par les François, mais il y avoit cette condition du désarmement qui tenoit fort à cœur aux Véronois. Ils sentoient bien qu'une fois désarmés, ils retomboient à la merci de leurs oppresseurs ; mais, malgré leur répugnance, ils cédèrent, et ce fut un bonheur pour eux ; car, dès le jour suivant, arrivèrent à *Vérone* dix mille hommes de troupes fraîches, qui étoient venus, à marches forcées, au secours des François.

Cette leçon coûta un peu cher aux François : car dans la journée du Lundi, 17 Avril, ils perdirent sept cents soixante-dix hommes tués dans la ville, et dans ce nombre beaucoup d'officiers : deux cents autres furent tués par les paysans dans la campagne. On leur fit sept cents prisonniers ; et trois cents blessés furent conduits à l'hôpital.

Les Véronois, dans la même journée, ne perdirent que soixante personnes, et eurent environ cent blessés.

L'on peut compter sur l'exactitude de tous ces faits : ils sont tous tirés du récit d'un témoin oculaire, le Comte Angelo Miniscalchi, Commandeur de Malthe, qui a lui même joué un rôle à *Vérone* dans ce fatal moment ; et ce rôle a été celui d'un homme d'honneur, puisque les François le demandoient pour ôtage ; et puisqu'il a été, ensuite, l'objet de leurs calomnies.

## DES ÉVÉNEMENS QUI SUIVIRENT L'ARMISTICE DE LEOBEN.—DE LA DESTRUCTION DES RÉPUBLIQUES DE VENISE, DE GÊNES, DE LUCQUES, DE SAINT-MARIN.

C'est l'armistice de *Leoben* qui a terminé la campagne militaire de Buonaparté ; ainsi nous pourrions nous dispenser d'examiner les faits postérieurs à cet armistice. Ce que nous avons dit suffiroit pour faire connoître le Général Buonaparté, ses talens, ses ressources, son caractère, la trempe de son âme. Nous lui avons arraché son masque, et le montrant sous ses véritables traits, nous avons fait disparoître et évanouir son prétendu héroïsme. Cependant, il sembleroit manquer quelque chose à son tableau, si nous ne parlions de quelques faits importans qui ont suivi immédiatement l'armistice de *Leoben*, et qui ont complette les malheurs et la destruction de l'Italie.

Buonaparté n'ayant plus aucune inquiétude du côté de l'Empereur, tourna ses vues contre des Puissances amies ; car, telles étoient bien certainement les Républiques de Venise et de Gênes. Elles avoient toujours ménagé la France, elles n'avoient pas fait une démarche qui pût troubler la bonne harmonie qui régnoit entre elles et la République Françoise ; elles avoient même fait de grands sacrifices pour maintenir la paix. Mais Buonaparté avoit juré leur ruine, et il la consomma sans trouver presque aucun obstacle.

Comment expliquer cette destruction si prompte d'un Gouvernement antique comme celui de Venise, qui avoit résisté aux plus violens orages ; qui avoit dominé sur les mers, et par ses nombreuses flottes et par son commerce immense ; dont l'alliance avoit toujours été recherchée par les plus grandes Puissances ; et qui, dans sa vieillesse même, conservoit encore un air de majesté et le souvenir d'un grand nom. Cependant elle a péri, sans effort, sans résistance, et après une honteuse agonie, ce n'est point par les armes de Buonaparté qu'elle a succombé, c'est par sa propre foiblesse et par des fautes que l'histoire ne lui pardonnera point.

Il est bien vrai que Buonaparté a employé contre elle les ruses les plus lâches, les perfidies les plus noires, les intrigues les plus odieuses, les mensonges du genre le plus bas\* ; mais, malgré tout

---

\* On peut en voir les détails dans le véridique ouvrage de M. l'Abbé Tintori, imprimé à Venise en 1799. Il est intitulé : *Mémoire secrets de la Révolution de Venise.*

cela, la République pouvoit encore tenir ; et si elle eût employé tous les moyens qu'elles avoit entre les mains, elle subsisteroit encore.

Le Sénat avoit eu surtout un moment très-favorable pour se délivrer des François ; ce fut celui qui précéda l'armistice de *Leoben*. L'armée Françoise s'étant trop avancée en Autriche, y étoit enveloppée de tous les côtés. En ce moment il y avoit à Venise trois mille Esclavons, qui s'indignoient de l'inaction dans laquelle on les laissoit : à ces hommes naturellement braves, pouvoient se joindre les habitans de la Terre Ferme, qui tous, à l'exception des révoltés de *Crema, Bergamo,* et *Brescia,* étoient restés fidèles à leur Gouvernement, et tous vouloient que le Lion Vénitien se réveillât, et se jetât sur les lâches et sur les traîtres. Buonaparté craignoit ce réveil ; et voilà pourquoi il avoit cherché à semer la division dans cet Etat ; pourquoi il y avoit excité et payé des révoltes ; pourquoi il mettoit en usage tous les moyens qu'un fourbe peut employer secrettement pour dissoudre une société.

Mais, malheureusement, la chose étoit sans remède. L'arbre montroit encore quelques feuilles ; mais le tronc étoit attaqué : un mal interne le rongeoit. Disons plus clairement que la corruption avoit gagné et le Sénat et le Doge lui-même; qu'infestés par les principes de la Révolution, ou corrompus par argent, ils ne prirent aucun des moyens qu'ils devoient prendre pour la sûreté publique, et qu'ils prirent des moyens tout à fait propres à la compromettre. Ce n'est pas le peuple Vénitien, qui, par ses insurrections, a perdu le Gouvernement, comme il est arrivé en France; c'est le Gouvernement, qui, par insouciance ou par lâcheté, a trahi des peuples qui lui étoient restés fidèles, qui vouloient le défendre, et qui lui offroient tous les moyens de défense.

Mais encore falloit-il un prétexte à Buonaparté pour s'emparer d'un Etat qui ne l'avoit point offensé, et qui, bien loin de lui donner des sujets d'invasion, avoit souffert de sa part, durant plusieurs mois, tous les affronts, toutes les injustices, toutes les vexations possibles, avec une patience et une résignation inconcevables.

Buonaparté lui avoit reproché d'avoir favorisé l'armée d'Alvinzi, lorsqu'elle passa sur son territoire; mais il savoit bien lui-même, que le Sénat étoit resté dans les bornes d'une exacte neutralité, et qu'il étoit bien plus disposé à s'en écarter en sa faveur qu'en faveur de tout autre.

Il lui avoit reproché d'avoir donné l'hospitalité à Louis XVIII ; mais, tout féroce qu'il est, il sentoit très-bien qu'un tel crime passoit aux yeux de tous pour une vertu.

Que fit-il ? Il excita à *Vérone* une révolte contre lui-même : il l'excita par sa dureté, par son avarice, par ses vexations, par ses éternelles réquisitions et impositions. La patience échappa enfin à ces malheureux, et ils firent contre les François la plus juste des insurrections, puisqu'elle avoit pour but de mettre à couvert leur tranquillité, leur sûreté, leurs maisons, leurs temples, leurs femmes, leurs familles. Dans cette lutte d'hommes opprimés et de brigands oppresseurs, les opprimés eurent le dessus pendant quelque temps ; les François perdirent beaucoup de monde, et la garnison eût péri toute entière, si on eût laissé le peuple exercer librement sa juste et terrible vengeance.

On juge bien quelles couleurs Buonaparté donna à cette insurrection dans son Rapport Officiel. Il publia dans toute l'Europe et ne cessa de répéter que l'insurrection de *Vérone* étoit une conjuration d'assassins ; que tous les François qui avoient péri, étoient morts assassinés ; que ces assassinats s'étoient étendus jusques sur les malades François qu'on avoit inhumainement égorgés dans les hôpitaux. Il savoit bien que tous les griefs qu'il avançoit, étoient autant de mensonges. Il savoit bien, lui qui se connoît mieux que personne en assassinats, qu'on n'est point assassin, quand on se renferme dans les bornes d'une vengeance autorisée, ou d'une défense légitime. Mais, pour parvenir à son but, il falloit qu'il fît beaucoup de bruit, et il en fit. Ce n'étoit point la ville de *Vérone* qui étoit la plus coupable; c'étoit Venise; c'étoit de cette capitale et de son Sénat qu'étoit émané l'ordre d'assassiner les François dans *Vérone*. Alors ce n'étoit plus sur une seule ville que devoit tomber la punition, mais sur tout l'Etat Vénitien, en commençant par la capitale; et tel fut le prétexte dont se servit Buonaparté, pour détruire un gouvernement que les siècles avoient respecté.

On devineroit facilement, quand nous ne le dirions pas, que Buonaparté, une fois maître de *Venise*, y exerça son talent pour la rapine. On peut assurer, qu'un mois après l'entrée des François dans cette ville, la plus riche de l'Italie, il n'y avoit plus d'argenterie dans les Eglises, pas un objet de prix dans les Monts de Piété, pas un sou dans les caisses publiques et particulières. Les Membres de ce vil

Sénat et son méprisable chef s'étoient persuadés que, pour prix de leur condescendance, on les épargneroit, que leurs propriétés seroient respectées ; elles ne le furent point ; et, en cela, on leur fit justice. On les soumit aux mêmes recherches, aux mêmes taxes, aux mêmes impositions que tous les autres citoyens.

Qui l'eût cru, que cette ville, qui, peu de temps avant, renfermoit tant de richesses dans son sein, une ville dans laquelle toutes les nations commerçantes venoient à l'envi verser l'opulence, seroit sitôt réduite à la misère ! Elle a tout perdu presque en un jour, sa liberté, sa richesse, son commerce, sa flotte, son antique réputation, et tout son bonheur ; et ce renversement subit est un des grands crimes dont la postérité accusera Buonaparté.

Elle l'accusera aussi d'avoir détruit cette fameuse République de Gênes, qui, plus d'une fois, a marché l'égale de Venise ; cette République dont le Gouvernement étoit une aristocratie mêlée de démocratie, qui sembloit par cette constitution même devoir être respectée par des hommes qui se disoient Républicains, et qui s'affichoient pour tout républicaniser. Des raisons particulières sembloient encore devoir la sauver : elle avoit placé cinq cents millions de livres sur les fonds publics de France, et elle les avoit perdus par la Révolution ; car il faut le dire et le répéter ; les trop-coupables auteurs de la Révolution Françoise, pour calmer les inquiétudes des rentiers François ou étrangers, avoient mis la dette nationale sous la sauvegarde de ce qu'ils appeloient *la Loyauté de la Nation ;* et telle a été cette loyauté que tous les étrangers ont été enveloppés dans la plus effroyable et la plus immorale des banqueroutes, et ont perdu la totalité de leur capital. Il y a plus ; la République de Gênes avoit rendu aux François, depuis la Révolution, des services très-importans. Elle leur avoit, pendant deux années de disette absolue, fourni des bleds. Durant deux autres années, elle avoit généreusement aidé et entretenu leur armée sur son territoire. D'ailleurs, Buonaparté lui-même, tout inventif qu'il est, n'avoit pas trouvé même l'apparence d'un délit qui pût provoquer la destruction de cette République. Par quelle fatalité a-t-il fallu qu'elle subît le même sort que Venise ? cela s'explique très-facilement. Elle étoit riche, donc elle ne pouvoit être innocente. Elle avoit de beaux Palais, bien meublés ; elle avoit une Banque fameuse, dite de St. Georges ; elle avoit beaucoup d'argenterie dans les églises ; un Mont de Piété contenant beaucoup d'effets précieux ; elle avoit de riches magasins publics ; beaucoup de particuliers, nobles ou marchands, avoient aussi des caisses très-bien fournies.

Tout cela formoit un corps de délits aux yeux avides de Buonaparté. Cependant, il eut la pudeur de cacher son jeu ; il frappoit ouvertement la République de Venise comme un ennemi qu'il vouloit abattre ; mais il minoit sourdement les fondemens de la République de Gênes. Il s'adressa au Ministre François près cette République, et comme à cette époque tous les agens François étoient ce qu'il y avoit de plus corrompu parmi les révolutionnaires, ce Ministre, nommé Cacault, entra pleinement dans ses vues. Il employoit tous les moyens perfides et ténébreux pour égarer l'opinion, et pour soulever les Génois contre leur Gouvernement : il semoit des calomnies assez adroites pour décréditer les Gouvernans ; il grossissoit le nombre des mécontens en gagnant les uns par de l'argent, les autres par des promesses ; enfin, il faisoit circuler sans cesse des brochures incendiaires qui allumoient et aigrissoient les esprits. Quand l'Ambassadeur eut averti Buonaparté que la mine étoit bien préparée, celui-ci lui ordonna d'y mettre le feu : elle éclata dans les premiers jours de Septembre, 1797.

Il seroit difficile de peindre quelle fut en ce moment la consternation des Gouvernans. Ils se voyoient pris à l'improviste, et ils n'avoient pas de forces à opposer aux rebelles. Ceux-ci s'étoient déjà emparés à main armée de quelques portes de la ville; et ils alloient s'emparer de l'arsenal, où les galères se mettent à l'ancre, lorsque le peuple accourut en force. Il avoit entendu les cris de la rébellion, il s'étoit armé aussitôt et marcha pour la réprimer. Il livra plusieurs combats aux rebelles, qui tous furent tués, ou blessés, ou faits prisonniers; il n'en échappa pas un seul, et plusieurs de ceux qui furent faits prisonniers, eurent à regretter de n'avoir pas péri avec leurs camarades.

Il faut rendre justice aux Génois; malgré la violence de l'insurrection populaire, l'Ambassadeur François fut respecté: quoiqu'il fût bien connu pour être l'auteur de cette révolte, il ne lui fut pas fait la moindre insulte. Les Gouvernans lui envoyèrent même, pour le garder, un détachement qui avoit ordre de tirer sur quiconque voudroit lui faire violence. Le fait est si vrai, que l'Ambassadeur crut devoir en donner un certificat, que le Gouvernement fit porter à *Milan* pour y être remis à Buonaparté par des députés choisis dans la première Noblesse, lesquels devoient l'assurer que les Gouvernans n'avoient eu aucune part à ce qui s'étoit passé, et qu'ils lui demandoient ses ordres.

Buonaparté qui sentit toute la bassesse de cette démarche, et qui comprit à quels hommes il avoit affaire, répondit brusquement : " Puisque le peuple " est las de souffrir sous le Gouvernement présent, " que celui-ci se démette pour faire place à un autre " qui soit plus populaire et plus conforme aux " principes d'une nation libre et indépendante!"

Cette réponse étoit insolente. Quel droit avoit Buonaparté de se mêler du Gouvernement de Gênes ? Elle étoit en même-temps d'un factieux forcené, qui donnoit le nom de *peuple* au vil ramas de la dernière canaille de Gênes, qui seule avoit pris part à la révolte; il ne vouloit pas voir que le vrai *peuple* Génois étoit celui qui avoit puni et battu les rebelles, et qui étoit resté fidèle à son Gouvernement. N'importe; Buonaparté l'avoit ordonné, il fut obéi, et cette République qui étoit une Aristocratie tempérée par la Démocratie, devint une République Démocratique, ce qui, dans ce temps-là, signifioit Anarchique, puisque le pouvoir étoit remis aux mains d'une populace toujours portée au désordre. Gênes finit donc comme Venise; elle vit disparoître sa gloire et sa richesse, et elle tomba dans la douleur et la misère.

Outre ces deux Républiques qui jouoient un rôle dans le monde, il en existoit en Italie deux autres, qui ne jouoient aucun rôle, mais qui étoient bien dédommagées de leur obscurité, par leur prospérité intérieure, leur tranquillité, la sagesse de leurs lois. C'étoient les Républiques de Lucques et de St. Marin. La première étoit Aristocratique ; la seconde Aristo-démocratique. Il étoit décidé que celles-là même n'échapperoient pas à l'humeur destructive de Buonaparté, soit que son âme atroce ait envié aux habitans de ces deux modestes Républiques le bonheur dont ils jouissoient ; soit que le mot *Aristocrate,* qui a fait commettre tant de crimes, effarouchât son Républicanisme ; soit plutôt qu'il ait vu dans ces petits Etats quelque proie à dévorer ; il a frappé pareillement et Lucques et St. Marin ; et voici les détails que nous connoissons.

Buonaparté avoit passé par Lucques, l'été précédent, lorsqu'il alloit de *Bologne* à *Livourne,* où l'amour de l'or l'avoit attiré. Il est inoui que ce Verrès Corse ait jamais fait aucune visite gratuite à aucun lieu de l'Italie. Il demanda donc au Sénat de Lucques, et il obtint, six mille fusils, tout neufs et bien travaillés. Il seroit miraculeux qu'il se fût contenté d'un pareil présent. Il ne dit pas au Directoire qu'il ait reçu d'argent ; son historien n'en dit rien non plus; mais leur silence n'est pas une preuve. Voici une preuve contraire que la conduite et le caractère de Buonaparté rendent démonstrative. Ou les Lucquois, qui savoient bien qu'on ne pouvoit le rendre traitable qu'avec de l'or, lui en ont offert, et alors il n'est pas douteux qu'il ne l'ait accepté; ou ils ne lui en ont point offert, et alors il est plus que probable qu'il leur en aura demandé, sachant, surtout, que plusieurs Nobles Lucquois étoient riches et même opulens : et s'il en a demandé, il n'aura sûrement pas été refusé.

Quoiqu'il en soit, le Gouvernement de Lucques qui faisoit des heureux, a été détruit, et remplacé par un autre Gouvernement qui faisoit des malheureux : et Lucques, après avoir éprouvé quelque temps les orages d'une pure Démocratie, est tombée dans le dernier degré d'avilissement, elle obéit aujourd'hui au Corse Bacciochi, beau-frère du Corse Buonaparté.

Quant à la République de St. Marin, le Général Buonaparté ne jugea pas à propos de la visiter lui-même : il y envoya le citoyen Monge, qui étoit chargé de haranguer les Représentans de cette petite République. Ce discours, moitié sérieux, moitié comique, mérite d'être remarqué.

" La liberté, qui dans les beaux jours d'Athènes
" et de Thèbes, transforma les Grecs en un peuple
" de héros ; qui, dans les temps de la République,
" fit faire des prodiges aux Romains ; qui, depuis et
" pendant le court intervalle qu'elle a lui sur quel-
" ques villes d'Italie, a renouvelé les sciences et les
" arts, et illustré *Florence ;* la liberté étoit presque
" bannie de l'Europe. Elle n'existoit que dans St.
" Marin, où, par la sagesse de votre gouvernement,
" et surtout par vos vertus, vous avez conservé ce
" dépôt précieux à travers tant de révolutions, et
" défendu son asile pendant une si longue suite
" d'années."

Voilà un persifflage bien puéril, dans un stile bien sottement académique. C'est absolument le début du plaidoyer de Petit Jean dans la comédie des Plaideurs de Racine*. On voit que le citoyen Monge est beaucoup plus savant qu'orateur.

" Je viens, de la part de Général Buonaparté, au
" nom de la République Françoise, assurer l'antique
" République de St. Marin de la paix et d'une
" amitié inviolable."

On verra tout à l'heure ce que c'est que l'amitié inviolable de la République Françoise.

* Cette observation est du Traducteur.

" Citoyens Régens, la constitution des peuples
" qui vous environnent, peut éprouver des change-
" mens. Si quelque partie de vos frontières étoit
" en litige, ou même, si quelque partie des Etats
" voisins, non contestée, vous étoit absolument né-
" cessaire, je suis chargé par le Général en Chef, de
" vous prier de lui en faire part. Ce sera avec le
" plus grand empressement qu'il mettra la Répu-
" blique Françoise à portée de vous donner des
" preuves de sa sincère amitié."

Cette offre de service est vraiment étonnante. Elle se réduit à ceci. Si vous voulez vous aggrandir aux dépens de vos voisins, je vous en fournirai les moyens. C'est bien là, dans la force du terme, le langage d'un brigand, qui regarde ses vols comme une propriété dont il peut disposer à son gré.

Cette harangue devoit être accompagnée d'un petit Mémoire des demandes que le Général Buonaparté faisoit à la République par son député, Monge. Quelles ont été ces demandes? Buonaparté ne le dit pas, et son historien n'en a pas parlé. Tout ce que nous savons, et ce qui n'est pas fait pour être oublié, c'est que cette République de St. Marin que Monge disoit être " dépositaire de la liberté de l'Eu-
" rope," que Buonaparté " assuroit de son *inviolable*

"  *amitié*," à qui " il offroit les dépouilles de ses " voisins," a disparu en un clin d'œil du nombre des Etats de l'Europe.

Mais encore quel motif a pu provoquer la destruction de la République de St. Marin ? Ce petit Etat étoit un monument singulier et même précieux à conserver. Un petit Etat qui s'est conservé intact pendant plusieurs siècles, au milieu des orages politiques qui ont ébranlé, changé, ou détruit les Etats voisins; un Etat qui a toujours maintenu la paix chez lui, et le bonheur parmi ses sujets : un pareil Etat est bien plus fait pour exciter la curiosité et l'attention d'un observateur sage que toutes ces ruines de temples et de monumens antiques que des voyageurs vont étudier à deux mille lieües de chez-eux, à travers les fatigues et les dangers.

St. Marin n'existe plus ; et si vous vous obstinez à nous en demander la cause, nous vous dirons que toutes les actions de Buonaparté, sans exception, s'expliquent par ces quatre causes, l'ambition, l'avarice, la vengeance, la *Méchanceté*.

## CONCLUSION.

Il est impossible de lire cet ouvrage, sans reconnoître que Buonaparté a fait sa campagne en Italie, bien moins en Général qu'en brigand; et si quelqu'un lui dispute les talens de Général, chose très-permise, et que sa conduite militaire autorise, personne ne lui dispute le talent du brigandage, poussé jusqu'où il peut aller. Il a été, pendant plus d'une année entière, brigand dans toute l'Italie, autant que Verrès l'étoit en Sicile, autant que Flaminius l'étoit en Grèce. Il l'a été vis-à-vis du Pape qu'il savoit bien être sans défense contre une grande armée, et à qui il a extorqué des sommes immenses, d'abord pour un armistice injuste, et ensuite par des hostilités plus injustes encore. Il l'a été vis-à-vis du Duc de Modéne, qu'il a chassé et dépouillé de ses Etats, quoiqu'il eût exactement et scrupuleusement rempli toutes les conditions qui lui avoient été imposées dans l'armistice conclu avec lui. Il l'a été singulièrement vis-à-vis de Venise et de Gênes, Républiques amies de la France. Il l'a été, avec une turpitude extrême, vis-à-vis des Républiques de Lucques et de St. Marin, qu'il a pillées, écrasées, et détruites. Il l'a été en Piémont, en Etrurie, et partout. Son passage a été plus fatal à ce malheureux pays, que celui des Vandales et des anciens Gaulois. Il a tout dévasté, tout desséché, tout épuisé. Il a pillé par ses mains, par celles de ses Généraux, par celles de tous ses soldats. Il a même pillé par les mains d'un prêtre, son oncle, aujourd'hui le Cardinal *Fesch*, qui sous le nom obscur de Garde-magasin, ayant alors abjuré le Sacerdoce, étoit un des plus grands pillards de l'armée. Il a pillé pour lui-même, et jamais il n'a été rassasié de butin. Il a pillé pour sa honteuse et famélique famille. Il a pillé pour le Directoire, et il lui a envoyé d'immenses dépouilles couvertes de sang; dépouilles d'autels, dépouilles de Palais, dépouilles des particuliers, dépouilles même des pauvres; de sorte que sa campagne d'Italie est l'histoire du plus fameux brigandage qui ait jamais été exercé envers aucun peuple.

Il est impossible de lire cet ouvrage, sans reconnoître que Buonaparté s'est montré dans toute sa campagne comme un fourbe consommé ; et cette fourberie, qui est toujours compagne de la bassesse, ne l'a pas quitté un seul instant. Il a été fourbe envers les petits Etats comme envers les grands. Il l'a été envers le Roi de Sardaigne, avec lequel il assuroit être de la meilleure intelligence possible, et contre lequel il travailloit sans relâche, soit pour faire révolter ses sujets, soit pour l'amener à une rupture avec Gênes, rupture qui lui eût été très-préjudiciable. Il l'a été d'une manière indigne vis-à-vis de Venise. Il écrivoit à ses municipaux, au mois d'Août 1797, de ne pas prêter l'oreille à des bruits semés par les ennemis de la liberté, qui répandoient que l'Etat Vénitien alloit être cédé à l'Empereur d'Allemagne; et cette cession fut consommée peu de momens après. Il fut fourbe envers les Républiques même de sa création; je veux parler des Républiques Cispadane et Transpadane. Il en avoit fait deux Républiques séparées, pour plaire aux Cispadans qui le désiroient vivement. Il avoit même annoncé solennellement à la République Cispadane, dès les premiers jours de sa naissance, que sa durée seroit éternelle. Elle le crut; et peu de semaines après, les deux Républiques n'en formoient plus qu'une qui s'appela Cisalpine. Ce sont-là de ces choses connues dans tous les coins de l'Italie. Tout le monde en parle, hommes, femmes, enfans; la mémoire de ces infamies est si fraîche, qu'il n'est presque personne, qui ne puisse vous en raconter les détails.

Mais si vous voulez un trait plus saillant de fourberie, de cette fourberie rafinée qui heureusement n'est le partage que d'un très-petit nombre d'hommes, en voici un qu'aucun valet de comédie n'auroit pu inventer : écoutez.

Buonaparté étant à *Bologne*, le Comte Azara, Ambassadeur d'Espagne près la Cour de Rome, lui demande une audience particulière. Il l'obtient ; il lui exprime les craintes du Pape, et le prie, au nom de Sa Majesté Catholique, de ne point tourner ses pas vers *Rome*, en cas que ce fût son projet, et de laisser tranquille ce vénérable Pontife. Le Comte Manfredini, Major-dome du Grand Duc de Toscane, vient aussi à une audience particulière de Buonaparté, et le prie également, au nom de son Souverain, de ne point passer à *Livourne*, comme le bruit en couroit ; il insistoit sur cette raison décisive, que le Grand Duc n'avoit donné aucun motif à une pareille violation de territoire.

Que fait Buonaparté ? Il donne sa parole d'honneur à Azara, qu'il n'a point le projet d'aller à *Rome* ; mais qu'il va aller à *Livourne*, tomber inopinément sur les marchandises Angloises. Il donne la même parole d'honneur à Manfredini, qu'il n'a d'autre projet que de s'acheminer vers *Rome* ; chacun d'eux se retire bien tranquille et bien content de l'audience de Buonaparté.

Peu d'heures après, tous deux se rencontrent à la même auberge ; ils s'interrogent sur leur mission réciproque. " J'ai réussi dans la mienne," dit Azara ; " Buonaparté m'a donné sa parole d'hon-
" neur, de ne point penser à *Rome* pour ce moment,
" mais d'aller à *Livourne,* visiter les marchandises
" Angloises."—" Cela ne peut pas être," répond avec chaleur Manfredini, " puisqu'il m'a donné les
" assurances les plus positives qu'il alloit à *Rome*." Le débat dura quelques momens ; mais, enfin, ils soupçonnèrent tous deux ce qui en étoit ; et Manfredini prenant le premier la parole : " Ma foi, mon
" ami," dit-il à Azara, " nous savons bien quel est
" le *Baron Fututo* * ; c'est certainement Buona-
" parté : mais qui de nous deux sera le *coglione* * ?
" C'est ce qu'il faudra voir."

* *Baron Fututo* signifie un coquin consommé, un de ces gueux absolument inaccessibles au remords.

† Le mot dupe en Italien est le mot *coglione* ; être dupe, *essere coglionato,* Ces mots choquent un peu les oreilles Fran-

Qui fut dupe? Ce fut Manfredini. Buonaparté ayant descendu les Apennins, prit par *Pistoye* et de là vers *Livourne*; mais lui aussi il fut dupe* dans cette affaire. Soit que son projet eût été éventé, soit que les marchands Anglois l'eussent deviné, ils avoient fait embarquer, avant son arrivée, toutes leurs marchandises et leurs effets les plus précieux. A cette nouvelle, Buonaparté entra en fureur ou plutôt en rage. Il crut que c'étoit la faute du Gouverneur et des habitans, s'il n'avoit pas trouvé le riche butin qu'il convoitoit. Il fait, de sa propre autorité, saisir le Comte Spanocchi, Gouverneur, le met aux fers, et le retient plusieurs jours dans une prison obscure; puis il l'envoie, enchaîné, à *Florence*; et pour colorer une si odieuse violation du droit des gens, il lui intente une accusation calomnieuse.

Quant au peuple Livournois, il l'oblige à payer de grosses sommes. Il le charge de vêtir et de nourrir une garnison de trois mille hommes, et il lui laisse tout le poids de cette garnison, sous prétexte de mettre leur port à l'abri des incursions des Anglois.

çoises; en Italie ils sont en usage dans les meilleures compagnies.

* Fu coglionato.

On peut juger par là, quelle a toujours été sa haine contre les Anglois. C'est un venin qui le ronge, c'est une rage qui le dévore, et qu'il cherche à communiquer à tout l'univers.

Il est impossible de lire cet ouvrage, sans être convaincu, pleinement convaincu, que Buonaparté ne doit pas ses succès militaires à ses armes : qu'il les doit le plus souvent à la corruption : qu'il tâche d'abord de corrompre l'âme des soldats par le venin des principes révolutionnaires, ce qui est l'effet de ses proclamations : proclamations qui en Italie ont remué beaucoup de têtes, vu qu'elles y sont naturellement plus effervescentes : qu'ensuite par l'argent il corrompt les chefs, et en fait des traîtres, comme il est arrivé très-certainement à *Bassano* au Baron de Lauer, très-probablement à d'Argenteau ; comme il est arrivé dans beaucoup d'actions ; très-probablement dans l'action importante et même décisive de *Rivoli*.—Nous l'avions dit avec une espèce de certitude ; mais nous le disons aujourd'hui avec une certitude absolue, parce que nous en avons acquis la preuve incontestable. Et quelle est cette preuve ? C'est l'aveu même de Buonaparté. L'anecdote est sûre, elle est attestée par un homme digne de foi, plein d'honneur, et très-connu,

dont la naissance et la vie entière écartent tout soupçon de mensonge. Il se trouvoit à *Milan* par des circonstances singulières; et par une suite des mêmes circonstances, il eut une fort longue conversation avec Buonaparté et Berthier. " Avez-vous lu
" le Mercure de *Ratisbonne ?*" dit Buonaparté en lui adressant la parole : " Le Rédacteur," ajouta-t-il,
" prétend que je n'ai vaincu qu'à force d'argent, et
" parce que j'ai su acheter les Commandans Autri-
" chiens. Il est vrai que j'ai dépensé beaucoup;
" mais ce ne sont certainement pas les Commandans
" qui ont reçu l'argent; je n'attachois pas d'impor-
" tance à les gagner; j'ai jugé plus utile pour moi
" d'acheter l'Etat-Major, et je ne m'en suis pas
" repenti. Il m'en a coûté cher à la vérité; mais
" j'en suis content. Quel homme que ce Lauer\*!
" Oh! pour celui-là, combien il a reçu d'argent!
" Il faut convenir que c'est un grand coquin."

Une pareille conversation n'est pas de nature à être oubliée, et on ne peut douter que Buonaparté n'y ait été d'une indiscrétion rare, qui vient et d'une mauvaise éducation, et d'une tête désordonnée. C'est un aveu vraiment étrange de la part d'un

\* Qu'on se rappelle ce que nous en avons dit à l'article de *Bassano.*

homme qui aspire à la gloire des armes. Cet aveu suffit pour faire évanouir toute cette gloire. C'est par ta propre bouche que je te juge et que je te condamne, héros imaginaire! Tu gagnes les Etats-Majors des armées ennemies ; et après cela tu t'extasies sur tes victoires! Plaisans trophées, que ceux qu'on acquiert avec de l'argent! Quel brillant effort de gagner une bataille, quand il est impossible de la perdre! Ce n'est pas ainsi que triomphoient les Alexandre, les César, les Annibal, et tous ces grands hommes à qui tu as l'audace de te comparer. C'étoit leur épée qui les rendoit vainqueurs, et non des moyens lâches et ténébreux. Ils avoient un profond mépris pour de pareils moyens, et pour ceux qui les employoient. Mais si tu veux, à toute force, ressembler à Alexandre, je vais t'appliquer ces vers que Lucain a faits contre ce conquérant ; et j'ai un vif désir qu'on les inscrive sur ton tombeau.

> Felix prædo jacet : terrarum vindice fato
> Raptus: membra viri totum spargenda per orbem····
> Terrarum fatale malum, fulmenque quod omnes
> Percuteret paritèr populos et sidus iniquum
> Gentibus·························,
> Occurrit suprema dies, naturaque solum
> Hunc potuit finem vesano ponere monstro.
>
> LUCAIN, l. x.

Il est couché là cet heureux brigand. Le Destin, vengeur de la terre, l'a enlevé. On eût dû jeter ses membres épars dans tout l'univers; lui qui fut le fléau du monde; une espèce de foudre qui frappoit tous les peuples; et comme un astre fatal aux nations. Enfin donc il est mort, et la nature n'a trouvé que ce moyen de mettre un terme aux fureurs insensées de ce monstre.

FIN.

T. Harper, le Jeune, et Cie., Imprimeurs, No. 4, Crane Court, Fleet Street,
à Londres.

www.ingramcontent.com/pod-product-compliance
Lightning Source LLC
Chambersburg PA
CBHW071418150426
43191CB00008B/955